20일의 기적
대치동 셈수학

우리 아이 연산 실력 키우는 수학 놀이
20일의 기적 대치동 셈수학

초판 1쇄 인쇄 2021년 10월 15일
초판 1쇄 발행 2021년 10월 22일

지은이 이형미

발행인 백유미 조영석
발행처 (주)라온아시아
주소 서울특별시 서초구 효령로 34길 4, 프린스효령빌딩 5F

등록 2016년 7월 5일 제 2016-000141호
전화 070-7600-8230 **팩스** 070-4754-2473

값 17,000원
ISBN 979-11-91283-94-5 (13370)

20일의 기적 대치동 셈수학

이형미 지음

RAON BOOK

프롤로그

수학으로 가는 길은 재미있어야 한다

30여 년간 수학을 가르치면서 '어떻게 하면 학생들이 수학을 잘 할 수 있을까?' 하는 고민을 많이 했다. 학생들과 수학 개념을 정리하고 심화 문제를 풀고 선행학습을 지도하며 가장 크게 느꼈던 것은 수학을 잘하는 학생들은 '기초가 튼튼하다'는 사실이었다.

수학에서의 기초는 초등 수학을 의미한다. 그리고 초등 수학의 기초는 연산에서 출발한다. 연산을 어떻게 하느냐에 따라 아이들은 수학을 좋아하는 아이가 될 수도 또는 수학을 싫어하는 아이가 될 수도 있다. 즉 연산을 익히는 초등학생 시기가 아이의 평생 수학 실력을 판가름하는 결정적인 골든타임이 된다는 것이다.

그러면 어떻게 연산 공부를 해야 아이가 수학을 좋아할까? 가장 중요한 요소는 아이들이 수학을 '놀이'로 받아들이는 것이다. 아이들이 자동차를 가지고 놀거나 레고를 가지고 노는 시간처럼 유아 때 경험하는 수학 수업을 노는 시간으로 받아들여야 한다.

나는 부모가 아이에게 학습만 강요하지 않는다면 얼마든지 아이와 수학으로 재미있는 시간을 보낼 수 있으리라 확신한다. 제대로 한글도 안 뗀 아이에게 방문 학습지 수업을 시키거나 학원을 보내고, 비싼 교구와 전집을 사들여 어린아이들을 책상 앞에 앉히는 엄마들이 의외로 많다. 이런 광경은 아직 걸음마도 못 뗀 아이들에게 100미터 계주 연습을 시키는 것과 같다.

내가 유아 수학 교육에 관심을 가지면서 얻은 결론은 6세까지는 제대로 놀아주는 것이 수학 교육의 전부라는 것이다. 아이가 말을 하기 시작하면서부터 주변에 있는 것들은 모두 수와 연결해서 말할 수 있는 매개체가 될 수 있다. 따라서 엄마들이 마음만 먹는다면 얼마든지 아이와 수로 놀아주는 엄마가 될 수 있다.

아이들이 접하는 놀이 매개체 중 가장 흔한 것이 '블록'이다. 아이는 2세 때부터 보고 만지는 블록을 통해 많은 교육 효과를 얻게 된다. 블록 놀이의 효과는 소근육과 언어 능력 발달, 창의력과 표현력 향상 등 여러 가지인데, 그중의 으뜸은 수학 학습의 기초 능력을 향상시킨다는 점이다. 크기 비교와 순서, 수, 분수, 길이, 깊이, 넓이, 높이, 측정, 부피, 면적, 형태, 대칭 등 블록 놀이의 효과는 정말 차고 넘친다. 유아 시기 놀이 수학의 도구로 블록만 한 게 없는 셈이다.

물론 연산을 한 가지 방법으로만 가르치라는 이야기는 아니다. 다만 블록을 이용한 놀이는 아이들의 연산 능력을 상당히 올려놓을 수 있으면서, 동시에 아이들이 이를 공부로 받아들이지 않고 놀이로 받아들이므로 이 방법이 가장 효과가 크다는 것을 강조하고 싶다.

내가 꿈키수몰의 12블록과 에그블록, 동수 주사위 교구를 활용한 연산(나는 이를 '수리샘의 10단 블록셈'이라 부른다)을 개발하게 된 이유도

블록만큼 아이들에게 효과가 좋은 놀이 수학이 없음을 확신한 이유가 크다. 다양한 학생들을 만나 수학을 가르쳐오면서, 중고등학교 때 수학을 잘하기 위해 초등부 수업에서 무엇을 준비하고 갖추어야 할지를 연구 중에 나온 결과물이다. 현장에서 다양한 초등 수 연산 방법을 가르치면서 아이들이 가장 빠르고 쉽게 이해할 수 있는 공부 방법을 가려 뽑아낸 것으로, 이 셈법을 많은 선생님들과 학부모들과 공유하고 싶은 마음에 책까지 쓰게 되었다. 아이들은 블록을 이용해 놀면서 재미있고 흥미롭게 셈을 배울 수 있으므로, 아이들도 가르치는 분들도 행복한 수학을 할 수 있다.

이 책은 크게 2부로 나뉘어 있다. 1부에서는 블록셈 연산은 무엇이고 블록셈이 지닌 장점은 무엇인지 차례로 설명하고 블록셈 연산을 통해 수학 학습에서 큰 성과를 낸 아이들의 사례를 소개했다. 2부에서는 20일로 완성하는 덧셈과 뺄셈의 원리와 방법을 소개했다. 12블록과 에그블록, 동수 주사위를 활용해 연산을 익히는 원리를 순서대로 써놓았으므로 엄마들은 책에 쓰인 방법에 따라 자녀를 놀이 수학의 세계로 쉽게 초대할 수 있을 것이다.

모쪼록 이 책을 통해 어린 자녀를 둔 학부모들과 수학 지도 선생님들이 아이들과 숫자와 셈을 가지고 놀면서 소통할 수 있기를 바란다. 수학으로 이어지는 소통이 잘되면 아이는 기계식 단순 계산이 아닌 사고력 연산을 하며 수학을 정말 좋아하는 아이로 자랄 수 있다.

수리샘의 덧셈 10단은 덧셈을 하기 위한 기본 개념을, 뺄셈 10단은 뺄셈을 하기 위한 기본 개념을 단계별로 정리했으므로 누구나

20일 과정만 따라오면 머리셈으로 쉽고 정확하게 연산을 할 수 있다. 책 뒤에는 엄마들이 아이들과 함께 활용할 수 있는 블록 그림을 실었다. 연습 문제를 익힌 뒤에 아이들과 종이 블록으로 복습하는 시간을 가진다면 놀이 수업이 훨씬 더 다채로워지리라 믿는다.

'수리샘의 10단 블록셈'은 책보다는 블록을 통해 먼저 수를 이미지화하여 자연스럽게 머리셈을 하고 수를 익히게 하는 데 목적이 있다. 이렇게 함으로써 아이들은 수를 즐기며 수를 가지고 놀 줄 아는 아이로 자라게 된다. 수리샘의 10단 블록셈으로 수를 배운 뒤 수 모으기판과 수 가르기판으로 셈을 복습하고, 끝으로 직접 수를 써보며 마무리하면 덧셈과 뺄셈은 물론 곱셈까지 익히는 데 어려움이 없을 것이다.

덧셈과 뺄셈을 익히는 데 필요한 시간 단 20일! 엄마와 아이가 하루하루 즐기다 보면 어느덧 덧셈과 뺄셈이 그리고 그에 더해 곱셈까지 자연스럽게 되는 기적을 경험하게 될 것이다. 나는 수리샘의 10단 블록셈이 수 연산 학습의 '새로운 패러다임'임을 자부한다. 이 책을 통해 모쪼록 많은 아이들이 수학으로 가는 길을 재미있고 흥미진진하게 닦기를 바란다.

끝으로 책이 나올 때까지 디자인을 비롯해 다방면에서 도움을 준 꿈키수에 감사드린다. 더불어 곁에서 늘 신경 쓰고 응원해주신 group52 오태환 회장님께도 감사의 말씀을 드린다.

이형미

차 례

2장
'수리샘의 10단 블록셈'의 장점

3장
블록셈 수학으로 큰 아이들

2부 20일 완성, 10단 블록셈 따라 하기

1장 10단 블록셈으로 놀아보자

2장 아이와 함께하는 덧셈 10단

3장

아이와 함께하는 뺄셈 10단

1부

블록셈 연산으로 수학 실력 쌓기

1장

초등 수학,
연산이 61%다

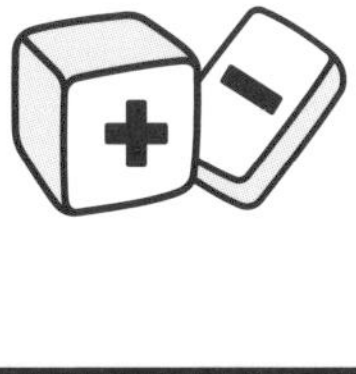

미래의 글로벌 인재는 수학 실력이 좌우한다

30년 사교육 시장의 목표

30년간 사교육 시장에서 많은 아이들을 만나며 무엇을 가르쳤나 생각해보니 정말 입시를 위해 달리고 달려왔던 기억밖에 없다.

새내기 강사 시절 특목고 진학을 시키기 위해 대형학원에서 초등 4, 5, 6학년 학생들을 대상으로 4시부터 밤 11시까지 주 6일을 공부시킨 적이 있었다(당시만 해도 10시 이후 학원 수업 금지 규정이 없었다). 과학고 진학을 위해 아이들이 4학년 때부터 선행으로 달리는 시대였다(물론 요즘 강남 엄마들은 수학 학원만도 적으면 2개, 많게는 분야별 전문학원으로 4개까지 다니며 달리지만). 중등부 특목반의 입시 합격률을 위해 정말로 열심히 아이들과 달렸다. 자정 이전에 퇴근한 적이 거의 없었다.

지금 생각해보니 나는 무엇을 위해 아이들과 그렇게 달렸을까 하는 생각이 든다. 그리고 학부모님들은? 또 선생님들은 왜?

답은 좋은 고등학교에 가서 최고의 교육을 받고 좋은 대학을 가기 위해서일 것이다. 그야말로 오로지 '대학 입시를 위해서' 말이다.

그리고 좋은 대학교는 좋은 직장을 보장해주고, 좋은 직장은 안정된 연봉을 보장해준다고 믿었기에 그랬을 것이다. 그런데 2021년, 4차 산업혁명 시대가 온 지금도 답은 좋은 대학, 안정된 직장에 있을까?

4차 산업혁명, 어떤 것이 어떻게 바뀔까

20세기 후반 3차 산업혁명은 인터넷과 컴퓨터 정보화, 네트워크를 기반으로 진행되는 자동화 생산 시스템을 특징으로 했다. 그리고 당시 직업군은 21세기가 된 지금 사람들이 맞이하고 상상하는 직업군과는 많이 달랐다.

4차 산업기술의 핵심 키워드는 인공지능, 사물인터넷, 빅데이터, 3D프린터, VR 등으로 대표되는데, 이 혁신 기술들이 쓰이려면 IT 활용 능력과 수학적 사고력이 필수적으로 요구될 수밖에 없다. AI 시대, 최고 경쟁력은 수학 실력이 좌우한다고 하는 말이 과언이 아닌 시대가 온 것이다. 이에 따라 4차 산업혁명 시대에는 많은 직업이 사라지고 새로운 직업들이 생겨날 것이다. 전문가들은 미래에 사라질 직업으로 제조, 생산, 건설, 금융, 산업 분야, 미디어, 예술, 법률 분야 등을 조심스럽게 손꼽는다.

이렇게 사라지는 직업군을 보며 우리는 미래를 어떻게 설계해야 하고 어떤 직업군을 위해 우리 아이를 준비시켜야 할까? 정확한 길을 가늠할 수는 없어도 이전과는 다른 세상이 펼쳐질 것은 분명하다. 또한 엄청나게 다양한 첨단 기술들에 의해 사회 전반에 혁신적인 변화가 일어나는 시대에 발 빠르게 대비하는 사람과 그렇지 못한 사람의 차이는 아마 상상 이상일지도 모른다.

미래 직업군에 필요한 학문 분야 가운데 수학과 과학의 중요성은 앞으로 훨씬 더 커질 것이다. 그중에 특히 수학은 그 중요성이 점점 확고하게 확대되는 학문으로 자리하게 될 것이 분명하다. 앞으로의 교육 방향이 이전과는 달라져야 하는 이유가 여기에 있다.

〈한국경제신문〉이 과학기술정보통신부, 한국과학창의 재단과 함께 초중고생, 학부모, 교사, 대학·대학원생, 직장인, 과학기술계 종사자 총 3,162명을 상대로 진행한 '전국민 수학·과학 교육 인식조사 및 개선방향 연구' 설문조사 결과에 따르면 응답자 중 83.5%가 수학 과학 교육을 강화하는 데 동의했으며, 직장인의 약 40%는 수학·과학 지식이 부족해 업무에 어려움을 겪는 것으로 나타났다. 또 직장인 대부분이 수학(67.5%)과 과학(71.6%) 지식이 자신의 업무에 중요하거나 매우 중요하다고 답했으며 쓰임새가 적다고 느끼는 직장인은 전체의 6.1%(수학), 7.2%(과학)에 불과했다(최한종·이해성, "직장인 40% 수학·과학 몰라 업무에 지장", 〈한국경제〉, 2021. 2. 17.). 이처럼 4차 산업혁명 시대에는 수학 교육의 중요성이 더욱 커질 것이다.

수학으로 시작해 수학으로 끝나는 미래 직업군

미래 유망 직종 200만 개 중 수학 관련 분야는 40만 개라고 한다. 한국고용정보원에서 2018년 2월 28일에 발표한 연구보고서 '4차 산업혁명 미래 일자리 전망'을 보면 사물인터넷 전문가, 인공지능 전문가, 빅데이터 전문가, 가상(증강/혼합)현실 전문가, 3D 프린팅 전문가, 드론 전문가, 생명공학자, 정보보호 전문가, 응용 소프트웨어 개발자, 로봇공학자가 10가지 유망 직업이다.

박구연 저자 또한 《수학으로 보는 4차 산업과 미래직업》(지브레인, 2019)에서 미래 유망 직업을 빅데이터 전문가, 블록체인 개발자, 사물인터넷 개발자, 웨어러블 전문가, 인공지능 전문가, 안드로이드 로봇공학자, 드론 조종사, 화이트 해트 해커(컴퓨터 시스템이나 네트워크에서 보안상 취약점을 찾아내 다른 해커들로부터 공격을 받지 않도록 알리는 보안 전문가), 3D 프린팅 운영 전문가, 스마트팜 전문가로 꼽고 있다. 이들 직종은 모두 수학이 바탕이 되지 않고는 불가능한 직종이다. 이보다 더 많이 수학과 연결되는 미래 직업군은 무궁무진하다. 수학으로 시작해서 수학으로 끝나는 제4차 산업혁명 시대를 우리 아이들이 살아내야 한다는 의미다.

연산, 조기교육이 필수다

미래의 유망 직업군들은 이처럼 수학과 떼려야 뗄 수 없는 관계를 가지고 있기 때문에 수학 공부를 어떻게 하느냐에 따라 우리 아이들의 미래가 결정된다고 해도 과언이 아니다. 그야말로 수학을 안 하고는 미래 사회에서 살아남을 수 없을 만큼 모든 직업군이 수학을 핵심 역량으로 요구하고 있다.

그렇다면 변화의 물결 한가운데에 있는 우리 아이들에게 어른들은 어떤 수학 공부를 시켜야 할까? 답은 수학을 포기하지 않는 공부를 넘어 수학에 모든 것을 집중할 수 있는 학습에서 찾아야 한다.

나는 미래 사회에서 우리 아이들이 당당한 인재가 되기 위해서는 영어 조기교육과 마찬가지로 수학 조기교육이 필요하다고 본다. 그러나 지금과 같은 외우고 반복해서 푸는 방식의 학습지 조기교육은 반대한다. 효율적이고 지속 가능한 조기교육, 아이들이 수학의 원리를 깨우쳐 고등 수학에도 얼마든지 적용할 수 있는 수학 교육이 필요하다고 생각한다.

그러면 효율적인 수학 조기교육이란 무엇일까? 나는 이를 초등 수학의 60%를 차지하고 있는 연산에서 찾자고 말하고 싶다. 연산의 조기교육이야말로 수학으로 가는 기본이자 필수가 되는 일이기 때문이다. '뭘 지금부터 시켜?', '학교 들어가면서 해!' 이러한 생각을 하는 사람이 있다면 우리 아이들이 살아가는 미래 사회의 모습을 다시 한번 생각하고 이를 명심하기 바란다. 4차 산업혁명 시대의 유망한 모든 직업군이 수학을 필요로 한다는 것은 그 누구도 부정할 수 없는 사실이다.

우리 아이가 수학을 좋아하는 아이들로 자라기를 바란다면 사고력 연산 학습으로 기초를 튼튼히 잡아주어야 한다. 수리샘의 10단 블록셈은 유아, 유치, 초등 저학년들에게 정말 행복하게 수학을 시작할 수 있도록 도울 수 있다. 수학 학습을 놀이로 생각할 수 있게 해주므로 늘 행복한 수학의 첫 단추를 끼울 수 있기 때문이다. 수학 공부를 가장 많이 시키면서도 수포자를 가장 많이 양산하는 우리나라의 수학 교육, 이제는 바뀌어야 할 때다.

초등학교 3학년, 수포자가 되는 이유

"3학년인데 연산부터 다시 해야 하나요?"

상담 전화가 온다. 전화 목소리로 느껴지는 보호자의 목소리는 절실하고도 절박하다.

"선생님, 제가 정말 너무 불안해서 3년 동안 학원을 늘 여기저기 다 다녔는데 그래도 아이가 수학을 너무 싫어하고 힘들어하네요. 연산 학습지, 동네 수학 보습학원, 과외 안 해본 거 없이 했는데 연산도 안 되고 교과 진도도 안 되고, 3학년인데 연산부터 다시 해야 하나요? 우리 아이가 수포자가 될까 봐 걱정이에요."

수학 조기교육이냐, 수학 포기 교육이냐

30년 동안 수학 강의를 하며 참 많은 아이들을 보아왔다. 수학적으로 뛰어난 아이도 가르쳐봤고 위의 상담 전화 속 아이처럼 수학 공부가 제대로 안 풀려서 아이가 수포자가 될까 봐 절박하게 방법을 찾는 어머니와 아이도 많이 만나보았다.

수학 학습에 뛰어난 학생과 그렇지 않은 학생의 차이는 무엇일까? 초등학교 3학년에 불과한 아이들이 왜 벌써부터 수학 학습에서 이런 극명한 차이를 보이는 것일까?

나는 그 차이를 아이가 수를 얼마나 좋아하는가 그렇지 않은가에서 찾을 수 있다고 단언한다. 초등학교 때 수학을 좋아한다, 좋아하지 않는다의 기준은 얼마나 수를 가지고 노느냐 그렇지 못하냐에 따라 달라진다. '초등 저학년 수학의 기초는 연산이 전부다'라는 극단적인 말들은 연산을 대하는 아이들의 반응에서 비롯된다. 다른 과목에 그다지 큰 반응을 보이지 않는 아이들이 수학 과목에서는 극명한 싫고 좋음을 나타내기 때문이다.

수학으로 가는 길은 재밌어야 한다. 아이들과 함께 놀아주며 수학의 진도를 나가야 한다. 그러나 어린 나이 때 이미 연산에서 너무나 지쳐 수학 자체를 싫어하는 사례를 나는 지금껏 무수히 많이 봐왔다. 잘못된 연산 학습 방법이 아이들을 수학에 질리게 만들어, 결국은 이들을 일찌감치 수포자로 만드는 것이다. 수학 조기교육이 아니라, 수학 포기 교육을 낳는 셈이다.

첫 단추가 잘못 끼워지면 옷매무새 전체가 문제가 된다. 마찬가지로 수학의 첫 단추는 연산인데, 이것이 잘못 끼워져 아이의 전체 수학 학습을 망치는 것을 많은 상담 사례를 통해 확인할 때마다 안타까울 뿐이다.

너무 이른 나이의 연산 학습이 수포자를 만든다

수학 학습에 관한 오래된 '미신'이 하나 있다. 바로 수학에 대한 엄마의 트라우마가 아이한테 그대로 전달된다는 미신이다. 따라서 엄마가 조급하게 수학 학습을 대할수록 엄마가 지닌 불안함이 아이한테 고스란히 전달된다. 이 점을 미루어보면, 어쩌면 아이의 수학 포기는 엄마의 수학 포기 심리가 작용한 것이 결정적인 원인일지도 모른다.

너무 이른 나이에 암기식으로 연산 문제집을 접한 아이들이 수학을 싫어하게 되는 것은 어찌 보면 매우 당연하고 자연스러운 결과다. 이런 아이의 수학 포기 이유는 사실 엄마가 가장 잘 알고 있다. 자신이 아이한테 너무 지나치게 수학 공부를 강요해서 아이가 수학을 밀어내게 되었다는 것을 말이다.

아이의 발달 과정에서 엄마와의 교감은 매우 중요한 요소다. 아이들은 엄마의 일거수일투족에 반응하며 엄마와 상호작용하는 과정에서 자라고 단단해진다. 수학 공부를 시킬 때 보였던 엄마의 행동 하나하나가 아이한테 큰 영향을 미치는 것도 다 이런 이유 때문이다. 정말 그러냐고? 정말 그렇다.

다른 공부도 그렇겠지만 특히 수학은 집에서 엄마표 수학을 많이 할 때 엄마의 모든 정서가 그대로 드러나는 학습이다. 다른 과목보다 특히 신경을 많이 써서 수포자가 안 되게 해야 한다는 강박이 엄마들 마음에 깔려 아이들에게 과도한 학습을 계속 강요하게 된다.

왜 유독 우리나라에 수포자 아이들이 많을까

왜 전 세계에서 우리나라 아이들에게 유독 수포자가 많은지 많은 부모들이 궁금해할 것이다. 게다가 둘째가라면 서러울 정도로 학구열과 사교육이 높은 대한민국에서 말이다.

나는 아이러니하게도, 수학을 잘하고 싶은 엄마가 다른 나라에 비해 상대적으로 많기 때문이라고 생각한다. 수학을 잘해야 대학을 잘 갈 수 있다는 생각이 너무나도 강해 아이들에게 일찍부터 수학 학습을 강요하며 강압적으로 시키다가 역효과를 낸 것이라고 말이다. 그리고 아이들은 아이들대로 자연스럽게 수를 즐겨야 할 나이에 너무나 잘해야 하는 학습의 일환으로 수학을 인식하는 바람에 엄마들과 똑같이 수학에 트라우마가 생긴 탓이라고 생각한다. 그 때문에 수학 공부만 하면 긴장부터 되어 괜히 하기 싫어지고 회피하는 마음이 생긴 것이 아닌가 싶다. 더구나 아이들은 연산 공부를 마치 수학의 전체인 것으로 오해해 수학이라는 학문은 지겹고 머리 아프며 자신을 괴롭히는 괴물처럼 생각하게 되고 말았다.

내 말이 과장처럼 들리는 엄마라면 아마 아이들에게 수학의 트라우마를 강요하지 않은 엄마일 확률이 높을 것이다. 그간 수천 명의 아이들을 가르쳐본 결과, 수학을 포기하는 아이들과 엄마의 수학 교육과는 뚜렷한 상관관계가 있음을 확실하게 알았기 때문이다.

실제 엄마가 수학 공부를 덜 시킨(?) 아이들이 훨씬 자신의 생각을 자유롭고 활발하게 펼치는 경우를 나는 많이 봐왔다. 그런 아이들은 수학의 풀이 방법을 다양하게 생각할 줄 알고 또 본인의 풀이 방법을 선생님한테 자유롭게 얘기하며 다양한 방면으로 사고를 펼치는 힘을 가지고 있었다. 이런 아이들에게는 스스로 끝까지 생각해보고 나서 정말 궁금한 것이 있을 때 아주 작은 힌트만 주어서 아이들이 혼자 힘으로 문제를 해결할 수 있도록 해주어야 한다. 이렇게 해줄 때 아이들은 수학에 대한 지적인 호기심을 채우면서 수학 실력을 차근차근 쌓을 수 있게 된다.

부모들에게 나는 수학에 대한 지적 호기심을 자극하는 것들에 대해 진지하게 고민하라고 말하고 싶다. 단편적으로 학원을 선정하고 학습지를 선택하고 분야별로 필요한 학원을 순회하는 것은 아주 신중하게 해야 할 일이다.

수포자가 안 되려면 5~7세 때 무엇을 해야 할까

해답은 연산에 있다

2015년 개정 교육과정 초등 수학 단원들을 분석해보면 71개 단원에서 수와 연산은 33개 단원, 측정은 11단원이 차지한다. 다시 말해서, 초등 수학에서 연산이 차지하는 부분이 60% 이상이라는 이야기다. 이는 수와 연산이 초등 수학에서 얼마나 중요한지 알 수 있게 해주며, 동시에 초등 수학 때 수학을 좋아하는 아이가 되려면 5~7세 사이에 연산을 정복해야 한다는 말이 된다.

그런데 아이들 가운데는 덧셈까지는 그런대로 따라가다가 뺄셈에 들어가서 갑자기 수를 싫어하게 되는 경우가 제법 있다. 게다가 부모님들이 덧셈, 뺄셈도 제대로 하지 못하는 6세, 7세 자녀에게 구구단을 강요하고 곱셈까지 가르치게 되면서, 수학 '울렁증'을 앓는 아이들도 점점 많아지고 있다.

어떻게 하면 아이들이 수학에 대한 울렁증 없이 초등 수학의 기초인 연산을 꽉 잡을 수 있을까? 앞에서도 강조했듯이, 아이들이 수와 친해지고 연산을 즐기면서도 정확히 셈을 할 수 있으려면 수를 여러 가지 방법으로 분해하고 조합하면서 어떤 논리로 수의 덧셈과 뺄셈이 이루어지는지를 깨우치는 '희열'을 느끼게 해주어야 한다. 그렇게 해야 그 이후 단계인 곱셈과 나눗셈이 연관 관계가 있음을 자연스럽게 알게 되고 수학을 즐길 수 있는 아이로 자랄 수 있다.

내가 가르치는 수리샘의 10단 블록셈은 이 모든 과정을 별 어려움 없이 만나게 해준다. 10단 블록셈에 더해 에그블록과 동수 주사위, 수 모으기판과 수 가르기판 등의 교구를 추가로 활용하면 연산 학습이 탄탄하게 완성된다.

구체물을 활용해서 수와 가까워지게 한다

초등 연산을 잘하기 위해 5~7세 때 우리 아이들은 무엇을 해야 할까? 가장 먼저 할 일은 아이들이 수와 가까워지는 일이다. 수와 가까워지려면 5세 때부터 수와 관련된 구체물을 가지고 놀아야 한다.

수와 관련된 구체물들에는 어떤 것이 있을까? 아이의 모든 장난감들이 바로 수와 연결된 구체물들이다. 인형이나 장난감을 정리할 때 수를 세면서 정리하고 과자를 먹을 때도 "하나, 둘, 셋……"이라고 수를 말하면서 세게 하고 사탕을 먹을 때도, 포도알을 먹을 때도, 양말을 신거나 손가락 장갑을 낄 때도 모두 수와 연결지어 생활하면 된다.

그중에서 인형 놀이는 좋은 수 세기용 구체물이다. 인형 머리와 두 팔과 다리는 5가 되는 기본 수 세기용으로 너무나 좋은 수학 교구다. 인형이 2개면 10을 세기 좋은 구체물이 된다. 이렇게 생활 속의 다양한 구체물들을 수와 연관시켜 수를 반복해서 세게 하면 아이들은 아주 어릴 때부터 수와 가까워질 수 있다.

이는 수학 학습지를 놓고 공부하는 것이 수학의 첫걸음이 아니라 생활에서 수학의 첫걸음을 떼게 하는 셈이 된다. 또한 구체물 세기를 하다 보면 수의 많고 적음도 구분할 수 있게 되어 자연스러운 양의 개념도 체득하도록 돕는다. 더불어 사물에 대한 관찰력도 좋아지며 엄마와의 소통도 훨씬 활발해진다.

동화책을 읽어주면서 '수 샤워'를 시켜라

구체물 중에 가장 좋은 교구는 수 연결 블록이다. 블록을 가지고 수를 만들어보면서 자연스러운 수 세기와 수 연산이 가능하다. 구체물을 보는 것과 동시에 이미지화할 수 있는 것은 블록셈이 거의 유일하다고 할 수 있다. 아이들에게 가장 익숙한 블록으로 수를 만들며 이미지화함으로써 아이들은 수 세기와 수 연산을 저절로 할 수 있게 된다.

엄마를 비롯한 양육자들은 수 세기를 하는 동안 아이와 끊임없이 소통할 수 있는 기회를 가지며 아이들로 하여금 블록을 계속 만지고 놀게 하면서 소근육 발달에 많은 도움을 줄 수 있다. 친구와 함께 만든 블록으로 블록 연산 게임도 하고 쌓기 놀이도 즐길 수 있다.

5세 때는 이렇게 수 세기와 소근육 발달에 좋은 블록 놀이를 하면서 수와 자연스럽게 가까워질 수 있도록 한다. 한글을 몰라도 상관없다. 그냥 세기만 해도 엄마와 자연스럽게 '수에 대한 샤워'를 하게 된다.

구체물의 수 세기와 함께 동화책을 많이 읽어주는 것 또한 좋은 수학 공부가 된다. 동화책과 수 세기가 어떤 상관관계가 있을까? 아이들은 색과 그림에 호기심이 많다. 동화책에 나오는 모든 그림이 수 세기의 좋은 교재가 되어준다. 이야기에 등장하는 꽃과 새, 사람과 나무 등 하나하나가 모두 수를 셀 수 있는 대상이 된다.

대부분의 엄마들이 동화책 읽기와 수 공부를 따로 생각하는데 이는 많은 구체물을 수와 연결시키지 않기 때문이다. 영어는 은연중에 자연스럽게 말 샤워를 시키는 공부를 하면서 수학 수 세기 샤워는 안 하는 것이다. 오늘부터라도 동화책을 읽어주면서 아이에게 '수 샤워'를 시켜주자. 그게 수학 공부의 진정한 조기교육이다. 절대 가르치려 하지 말고 그저 놀아주고 던져주자. 아이들은 스스로 잘 받아먹고, 스스로 잘 터득하게 될 테니.

블록은 더할 나위 없이 좋은 수 놀이 교구다

블록 놀이의 효능은 정말 무궁무진하다. 손가락과 손의 능력을 강화하고 눈과 손의 협응력을 향상시키며 소근육을 발달시킬 수 있는 중요한 수단이 된다. 블록 조립을 통해 창의력과 상상력과 표현력을 향상하는 데 큰 도움을 주며, 블록의 크기와 모양, 위치를 묘사하며 학습하기에 잠재적으로 어휘 발달에도 도움이 된다.

블록 놀이는 또한 색 감각이 생길 수 있는 최고의 놀이다. 10단 블록셈의 색깔은 12가지로 이루어져 있다. 따라서 아이들은 각각의 블록을 만질 때마다 다양한 색깔을 말하고 색 블록에 다른 색 블록을 덧붙이면서 자연스럽게 색의 조화를 익힌다. 블록으로 뭔가를 만들고 다시 부수고 또 만드는 과정을 반복하면서는 인내심도 길러진다. 마침내 구조물이 완성되었을 때는 자신감, 만족감, 기쁨을 다 같이 느낄 수 있다.

블록은 입체적이라 공간 감각을 익히는 데 도움이 되며 논리적인 사고력 향상에도 도움을 줄 수 있다. 손놀이를 통하여 물체에 작용하는 중력, 사물의 구조, 균형 감각도 더불어 배울 수 있다. 수학 학습에서는 수, 양, 길이, 넓이, 부피를 비교할 수 있으며, 블록의 그룹화로 더하기, 빼기, 곱하기, 나누기 등 다양한 수 연산을 표현할 수 있다.

주산이 머릿속에 주판을 이미지화하여 암산을 하는 것처럼 수리샘의 10단 블록셈 역시 수와 양을 머릿속에서 이미지화하여 연산을 저절로 할 수 있게 만들어준다. 블록을 수로 표현하면 아이들은 저절로 수와 양을 연상시켜 덧셈과 뺄셈을 암산할 수 있을 뿐 아니라 5, 6, 7, 8, 9, 10의 보수(보충하는 수를 말한다. 예를 들어 5가 될 수 있는 보수는 1, 4 / 2, 3 / 3, 2 / 4, 1이고 8이 되는 보수는 1, 7 / 2, 6 / 3, 5 / 4, 4 / 5, 3 / 6, 2 / 7, 1이 되는 셈이다) 만들기가 저절로 될 수 있다.

짝꿍수를 쉽게 찾으면 연산이 저절로 된다

나는 이 책에서 보수를 짝꿍으로 표현한다. 예를 들어 5를 만들기 위한 1의 짝꿍은 4, 2의 짝꿍은 3으로 표현한다. 이 방법은 2부에서 더 자세히 설명할 것이다. 블록을 통해 덧셈 10단을 익히면 덧셈이 신기할 정도로 저절로 된다. 어린아이들은 손가락을 사용하지 않고도 저절로 덧셈이 되는 신기한 체험을 하게 된다. 손으로 블록을 이용해 수를 만들다 보면 수의 양이 저절로 인지되는 체험도 할 수 있다.

6세 아이와 함께 블록셈 수업을 한 지 며칠 되지 않았을 때의 일이다. 아이는 블록으로 수를 만들며 수의 합을 저절로 말하면서 스스로 신기해서 어쩔 줄 몰라 했다. 아이는 블록 그림을 머릿속에서 그려보며 덧셈을 맞혔고 에그블록으로는 빈 공간에 블록을 채워 넣으면서 덧셈 10단의 원리를 깨우치며 '완전히' 블록 놀이에 빠져들었다(아이들이 어떻게 블록으로 덧셈 10단과 뺄셈 10단을 하게 되었는지는 이어지는 2부에서 구체적으로 설명할 것이다).

색과 모양으로 수를 표현하는 것은 아이들에게 어느 것과도 비교할 수 없을 만큼 큰 연산 학습 효과를 준다. 아이들과 수업할 때마다 반복해서 경험하는 일이지만, 매번 매우 놀랍고 새롭다.

"블록은 공부가 아니어서 좋아요"

자신들이 좋아하는 블록 놀이를 통해 수 연산을 저절로 학습하게 되니 아이들은 블록 수업을 굳이 수학 공부라고 생각하지 않는다. 그렇다 보니 저절로 수학 공부에 대한 거부감이 없어진다.

수학은 일단 재미있고 즐거우며 자꾸 생각나는 시간으로 기억되어야 한다. 그렇게 마음을 열게 되면 그 시간을 기다리지 않을 수가 없다. 처음 접하는 수학 공부는 그저 놀이 시간이어야 한다.

나는 처음 블록셈을 배우는 5~7세 아이들을 만나러 갈 때는 정말 많은 교구를 준비해 간다. 아이들의 집중력이 길지 않기 때문에 블록, 에그블록, 주사위 게임, 수 가르기판과 수 모으기판, 자석 놀이 등 아이들이 지루해할 틈이 없이 놀아줄 것들이 필요하기 때문이다. 물론 블록 자체만으로도 충분히 집중을 하지만 다양한 놀이 수학으로 아이들이 수업을 놀이로 인지하게 한다면, 그다음 수업 시간부터는 들뜬 마음으로 수학 시간을 기다리게 된다. 이때 열린 마음은 덤이다. 공부가 아닌 수업, 숙제가 아닌 놀이, 학습이 아닌 배움이라면 아이들은 얼마든지 집중하고 몰입하여 귀를 기울인다.

2장

‘수리샘의 10단 블록셈’의 장점

수리샘의 10단 블록셈이란 무엇인가

자기주도 학습은 유치원 때부터

나는 대학교 때 시작한 수학 과외가 평생 직업이 되어 지금까지 수많은 학생들을 지도해왔다. 그간 현장에서 터득한 수학 학습 노하우를 학생들에게 전하며 꽤 인기 있는 강사로 지내면서, 나는 학생들에게 가장 좋은 수학 선생님이란 학생들로 하여금 자기주도 학습을 할 수 있게 도와주는 선생님이라고 생각해왔다. 그리고 그 습관을 들이기 위해 나름 노력해왔던 것도 사실이다.

그런데 자기주도 학습의 습관은 언제부터 가능할까? 나는 그 시기를 유치부와 초등부 저학년 때라고 말하고 싶다. 많은 학부모와 선생님들이 어린아이들의 수학을 어떻게 접근해야 할지 잘 몰라 아이들에게 책부터 들이대며 학습을 강요하곤 한다. 그러나 이 방법은 매우 성급하며 잘못되었다.

덧셈, 뺄셈은 기계적으로 외우는 것이 아니라 수를 분해하고 다시 조합하는 과정에서 자연스럽게 익혀야 한다는 것을 알기 때문이다. 그리고 그렇게 해야만 아이들은 수학을 좋아하게 되고, 좋아하게 되어야 잘하게 된다는 사실을 많은 세월 수학을 가르치며 알게 되었기 때문이다. 자기주도학습에 흥미와 재미만 한 동기부여는 없다. 그리고 블록을 통한 수학의 출발은 유치원 때부터 얼마든지 가능하다.

어떤 블록으로 놀아줘야 할까

수리샘의 10단 블록셈은 덧셈을 처음 접하는 아이들이 가장 기본적으로 알아야 하는 10단을 구구단처럼 외우는 게 아니라 블록을 이용해 수를 모형과 이미지로 받아들여 익히게 하는 교육용 블록이다. 수를 블록의 모양으로 익히고 덧셈은 블록 조각을 끼워 맞춤으로써 알게 유도하므로 아이들은 수의 조합을 이미지화해 덧셈과 뺄셈, 곱셈을 자연스럽게 익히게 된다. 수 연산을 처음 접하는 어린 아이들에게 저절로 연산이 되게 하는 새로운 패러다임의 학습 방법으로 '교육용 블록을 이용한 덧셈 교육 장치 및 방법'으로 특허를 받기도 했다.

블록은 (10단 블록셈을 구성하는) 12블록과 에그블록을 활용한다. 12블록은 12가지 색깔의 정육면체 10개씩 총 120개의 블록으로 구성된다. 스스로 조작하고 만들기 활동을 통해 두뇌 사고력, 창의 사고력, 도형 공간 감각, 수학적 사고력, 문제 해결력 등 다양한 학습을 할 수 있도록 통합 교육 교구를 수 모형으로 만들어 발전시킨 것으로, 교육용 블록 방법으로 특허를 받은 것도 이런 장점 덕분이다.

에그블록은 주황색과 연두색의 직사각형 각 9개와 정사각형 블록 각 10개의 스티로폼으로 구성된다. 직사각형에는 10개의 빈칸이 뚫려 있고 정사각형은 그 빈칸에 끼울 수 있도록 만들어져, 아이들은 수를 더하거나 세면서 각각의 빈칸에 정사각형(가로, 세로 2센티미터 크기)을 끼우면서 수 연산을 학습하게 된다(블록 소개와 놀이 방법은 2부 1장에 자세히 설명했다).

달걀판에서 수의 원리를 착안하여 개발한 연산 교구로 아이들이 수를 쉽게 이해할 수 있고 덧셈, 뺄셈, 곱셈, 나눗셈, 소수까지 할 수 있도록 돕는다. 손으로 만지고 눈으로 보고 입으로 말하며 수 감각을 키우고, 다양한 활동으로 초등 저학년까지 덧셈과 뺄셈의 중요한 기초 활동과 묶음 수 세기, 가르기, 모으기 등 중요한 연산 활동을 12블록과 함께 이미지화할 수 있도록 하므로 연산에 대한 새로운 시각을 아이들에게 제공해주는 교구라 할 수 있다.

동수 주사위 교구는 수리샘의 10단 블록셈을 놀이로 활용할 수 있는 교구다. 추상의 수를 주사위 놀이를 통해 연산에 적용하므로, 아이들의 눈에는 새롭게 인지되는 큰 장점이 있다.

문제 풀이가 없어도 되는 수학 시간

수리샘의 덧셈 10단 블록셈은 12블록과 에그블록 교구를 통하여 1단에서 10단까지 개념을 이미지화하고 수의 양을 손으로 만지며 익히게 한다. 그런 다음 주사위 놀이와 자석 놀이를 통하여 머리셈과 개념을 정리하고 수 모으기판과 수 가르기판을 통해서 수를 직접 쓰고 읽음으로써 한 번 더 복습하게 한다. 블록을 활용하면 막막했던 수학 지도가 가르치는 사람이나 배우는 아이 모두에게 즐거운 시간이 되고 웃음이 넘치는 시간이 된다.

수리샘의 덧셈 10단 블록셈이 정리가 되면 아이들은 조 단위의 수를 읽고 큰 수들의 동수 더하기와 가르기를 암산으로 할 수 있다. 그에 더해 뺄셈을 아주 쉽게 생각할 줄 알게 되며 외우지 않고도 구구단을 빠르게 답할 수 있게 된다.

이 책은 엄마와 아이가 차근하게 체험하며 활용할 수 있도록 구성했다. 하지만 함께 체험하는 동안 문제 풀이와 같은 활동은 전혀 하지 않는다. 책에 그런 내용이 담겨 있지도 않을뿐더러, 문제 비슷한 것도 나와 있지 않음을 확인할 수 있을 것이다. 책을 보며 할 일이란 엄마와 함께 즐겁게 노는 일뿐이다.

수리샘의 10단 블록셈, 머리로 익히기

수리샘의 덧셈 10단 블록셈 내용은 다음과 같다.

1단은 2, 3, 4 만들기로서 1+1, 1+2, 1+3, 2+2가 된다는 것을 익힌다. 2단은 작은 동수 더하기로 1+1, 2+2, 3+3, 4+4, 5+5가 2, 4, 6, 8, 10이 된다는 것을 익힌다.

3단은 5를 대장수로 하여 1, 2, 3, 4, 5를 더해 5+1, 5+2, 5+3, 5+4, 5+5가 6, 7, 8, 9, 10이 된다는 것을 익힌다. 4단은 큰 동수 더하기로 6+6, 7+7, 8+8, 9+9, 10+10이 12, 14, 16, 18, 20이 된다는 것을 익힌다.

5단은 5 만들기로 5를 만드는 짝꿍수(보수)를 익히는 것이다. 1, 4 / 2, 3 / 3, 2 / 4, 1의 경우가 더해서 5가 되는 수임을 익힌다. 6단은 6 만들기로 6을 만드는 짝꿍수를 익히는 것이다. 1, 5 / 2, 4 / 3, 3 / 4, 2 / 5, 1의 경우가 더해서 6이 되는 수임을 익힌다.

7단은 7 만들기로 7을 만드는 짝꿍수를 익히는 것이다. 1, 6 / 2, 5 / 3, 4 / 4, 3 / 5, 2 / 6, 1의 경우가 더해서 7이 되는 수임을 익힌다. 8단은 8 만들기로 8을 만드는 짝꿍수를 익히는 것이다. 1, 7 / 2, 6 / 3, 5 / 4, 4 / 5, 3 / 6, 2 / 7, 1의 경우가 더해서 8이 되는 수임을 익힌다.

9단은 9 만들기로 9를 만드는 짝꿍수를 익히는 것이다. 1, 8 / 2, 7 / 3, 6 / 4, 5 / 5, 4 / 6, 3 / 7, 2 / 8, 1의 경우가 더해서 9가 되는 수임을 익힌다. 10단은 10 만들기로 10을 만드는 짝꿍수를 익히는 것이다. 1, 9 / 2, 8 / 3, 7 / 4, 6 / 5, 5 / 6, 4 / 7, 3 / 8, 2 / 9, 1의 경우가 더해서 10이 되는 수임을 익힌다.

이렇게 수리샘의 덧셈 10단을 다 익히면 머리셈으로 덧셈이 편하게 될 때까지 블록으로 수를 만들며 연산하는 시간을 갖는다. 에그블록과 주사위 놀이, 자석 놀이, 수 모으기판과 수 가르기판으로 게임하듯 돌아가며 하면 머리셈을 쉽게 익혀나갈 수 있다. 아이들에게는 책을 펴지 않는 자체가 큰 짐을 내려 놓는 일이 되므로 수학 연산 블록 게임에 쉽게 몰입할 수 있다.

왜 수리셈의 10단 블록셈이 필요할까

심심한 아이, 불안한 엄마

요즘처럼 집에서 아이와 부모가 함께 있는 시간이 많은 적이 있었을까? 코로나19로 인해 2020년과 2021년 두 해 동안 엄마들은 그 어느 때보다도 아이와 함께 지내는 시간이 많아진 나날을 보냈다.

아이와 함께 지내는 엄마들의 가장 큰 고민은 무엇이었을까? 어떻게 아이들을 제대로 학습시키며 동시에 즐겁게 놀아줄지가 가장 큰 숙제이자 고민일 것이다. 아이들을 데리고 외출하기조차 힘들 때 심심하다고 떼쓰는 아이들에게 그저 스마트폰이나 텔레비전을 허용하는 선에서 타협을 하곤 하지만 마음 깊은 곳에서는 아이들의 학습력이 떨어지는 것은 아닌지, 이대로 마냥 놔두어도 되는지 걱정스럽기만 하다.

단군 이래로 모든 엄마들의 변하지 않는 고민은 유아, 유치, 초등 저학년 아이들에게 수학 공부를 어떻게 시킬까일 것이다. 엄마들이 수학과 친하지 않은 경우가 대부분인 데다가, 시중에는 다양한 학습지와 수학 공부법이 넘쳐나서 선택의 고민을 가중시키기 때문이다.

나 역시 수학을 가르치는 선생으로서 이런 문제를 놓고 많은 고민을 했다. 특목반 학생을 늘 가르치며 연산에 대한 고민은 그다지 해보지 않았던 나는 몇 년 전 수학을 너무나 싫어하는 초등학교 3학년 친구를 만나면서 수학의 연산에 대한 고민을 시작하게 되었다. 그 친구는 수학이 싫어 미루고 미루다가 3학년 때 구구단을 겨우 하는 친구였다. 이 아이를 보며 어떻게 하면 아이들이 구구단을 쉽고 재밌게 접할 수 있을까 고심하면서 여러 학습 방법을 접하게 되었고 현장에서 아이들과 수업하며 가장 효과적인 방법을 찾은 것이 블록을 활용한 놀이 수학이었다.

수학 실력이 자라는 비결

아이들에게 처음 수학 공부를 시킬 때 대부분의 엄마들이 어떻게 할까? 연산 문제집을 서점에서 사와서 반복적으로 풀리거나 선생님들을 일주일에 한 번씩 집으로 모셔 10분 정도 공부시키고 일주일 동안 또 선생님을 기다리는 그런 수업을 하고 있을 것이다.

하지만 수학은 그런 식으로 실력이 자라나지 않는다. 반복된 문제풀이는 지적인 호기심을 떨어뜨릴 뿐 아니라, 정기적인 숙제 검사와 기계적인 채점 방식의 학습은 주도적인 학습 의욕을 상실시키는 지름길이 된다. 수리샘의 10단 블록셈 수업은 소통하는 수학, 재미있는 놀이 학습을 전제로 하기 때문에 덧셈, 뺄셈을 하면서도 아이들이 학습을 한다는 스트레스가 없다.

내가 수리샘의 10단 블록셈으로 가르친 초등 3학년 학생 중 한 명은 1학년 때 덧셈 10단부터 연산을 시작했는데, 2학년이 되었을 때 중등 과정까지 들어가 전체 학교에서 수학을 가장 잘하는 친구가 되었다. 또 1년 만에 중등부 1학년 방정식까지 마치고 국제학교 시험에서 중학교 1년의 실력을 인정받아 장학금까지 받고 입학했다.

수학에 날개 다는 것은 아이 자신이 되어야 한다

이 학생이 나와 한 것은 수리샘의 10단 블록셈의 원리에 따라 덧셈 10단, 뺄셈 10단, 곱셈단을 근간으로 사고력 연산을 정복한 것이다. 차근차근 하나부터 원리와 개념을 익힌 뒤 그 후 영역별 수학을 정리해주었더니 중학교 방정식도 거뜬히 하게 되었다. 국제학교에 입학한 지금은 수학에 날개를 달아 국제학교에서도 수학을 제일 잘하는 학생이 되었다. 그뿐 아니라 미국 5학년 전체 학교에서 본 시험에서 1% 안에 드는 성적을 받게 되어 어머니가 모든 것의 기초를 잘 잡아준 선생님 덕분이라는 감동의 말씀도 듣게 되었다.

수학을 푸는 방법은 한 가지가 아니다. 나는 아이들에게 한 가지로 획일화된 기계식 계산이 아닌 여러 가지 생각을 할 수 있는 사고력 훈련 연산을 가르친다. 아이들에게 수학의 날개를 달아주는 것은 자기 자신이 되어야 한다. 그것만이 아이들이 오래도록 지치지 않고도 용기를 얻어 많은 학문과 배움에 도전하게 만들 수 있는 원동력이 될 것이라 굳게 믿는다.

셈을 놀이와 게임처럼 공부한다

수학을 기다리는 아이들

요즘 아이들이 가장 좋아하는 것이 무엇인가? 바로 게임이다. 아이들은 게임을 할 때 가장 행복해한다. 수학 공부가 곧 게임이 되는 순간 아이들은 빠져들게 된다. 아이들과 블록을 가지고 놀다 보면 저절로 수의 합과 차를 알게 되며 그 안에서 규칙과 약속을 스스로 찾아내게 된다.

블록 놀이의 효과는 정말 대단하다. 수의 양뿐 아니라 길이, 넓이, 부피, 색상 비교, 구조물을 만들며 창의력과 조형 감각을 읽히고 계속 손을 쓰므로 소근육 발달에 도움이 되며 교습자와의 끊임없는 소통으로 언어 발달에도 영향을 준다.

'수리샘의 10단 블록셈' 수업에서 처음 2개월은 책을 전혀 사용하지 않는다. 아이들은 순수하게 블록을 가지고 수를 이미지화하고 에그블록과 수 가름판과 주사위 놀이, 자석 놀이, 컵 세고 쌓기 놀이, 수 카드만을 가지고 추상의 수를 손으로 만지며 양을 측정하고 게임을 통하여 수를 자연스럽게 받아들이고 친해진다. 이렇게 하면 아이들은 수학이 공부가 아니라 놀이라는 생각을 하게 되어 수학을 기다리는 아이들로 바뀌게 된다.

나는 요즘 빠른 6세부터 초등부 고학년 아이들까지 현장 지도하며 덧셈 10단 블록셈을 가르치는데, 얼마나 많은 아이들이 행복해하며 수학 공부를 하는지 놀라울 따름이다. 단 몇 회 안 해도 아이들의 사고력 연산 실력이 느는 것을 볼 수 있어 매우 행복하고 또 보람도 많이 느낀다.

청담동에서 수업한 지 얼마 안 된 6세 아이의 어머니는 아이가 한 자릿수×한 자릿수 곱셈 원리를 배우고 나서 4시간쯤 지난 뒤에 바로 두 자릿수×한 자릿수의 곱셈 원리를 스스로 깨우쳤다며 감사의 전화를 걸어오기도 했다. 원리를 알면 그다음 단계도 수월히 깨우치는 힘, 이게 바로 수리샘 10단 블록셈의 힘이다.

추상과 구상을 이어주는 게임

12블록으로 만들 수 있는 수는 1부터 10, 11부터 20이다. 숫자로만 이루어졌던 추상의 수는 블록으로 1부터 10, 11부터 20을 만드는 순간 구체물이 되어 아이들 눈앞에 드러난다. 아이들은 추상의 숫자와 눈앞에 놓인 블록을 매칭하며 읽힌다.

엄마들도 블록을 이용하면 얼마든지 아이들과 추상의 숫자와 구체물인 블록을 매치하며 놀 수 있다. 아이들은 블록을 이용해 하나씩 늘어나는 수의 모형을 만들며 양의 크기를 비교하게 되고, 적고

많음을 블록을 통해 한눈에 볼 수 있다. 1부터 20까지의 블록 모양을 만들며 자연스럽게 수의 덧셈과 뺄셈도 익힐 수 있다. 그저 블록으로 구조물을 만들며 게임처럼 놀 뿐인데 저절로 덧셈이 되고 뺄셈을 할 수 있게 되는 셈이다.

블록을 통한 수를 익히고 연산을 하는 것은 두뇌 발달과 자극에 큰 도움이 된다. 블록으로 수를 만들어가며 오감의 자극을 통해 자동 기억 장치를 느끼게 하기 때문이다. 손으로는 끊임없이 움직여 수를 만들고, 눈으로는 사진 찍듯 블록의 개수를 확인하고, 입으로는 덧셈 10단을 말하며 계산을 하고, 귀로는 선생님의 말에 귀를 기울이며 소통을 한다. 구상과 추상을 이어줄 뿐 아니라 눈과 귀, 손의 협응력도 길러주는 온몸으로 하는 공부라 할 만하다.

만들기는 아이들의 본능이다

30년 수학을 가르치다 보니 정말 다양한 아이들을 만나게 된다. 수학 감각을 타고난 아이들, 수학을 원초적으로 싫어하는 아이들, 수 공부를 너무 많이 하여 질린 아이들……. 그리고 통계적으로는 남자아이들보다 여자아이들이 수에 대한 거부감이 더 많은 편이다.

수리샘의 덧셈 10단 블록셈은 어릴 적부터 가지고 놀았던 블록을 가지고 수 공부에 접근하기에 위에 얘기한 모든 아이들의 불편함을 한 번에 무너뜨려준다. 이것이 바로 블록이 지닌 원초적인 힘이 아닐까 생각한다. 또한 만들기를 좋아하는 아이들에게 블록셈이 훨씬 큰 효과를 발휘하는 이유가 되기도 한다.

만들기는 인간의 본능이다. 블록으로 숫자든 사물이든 뭔가를 만드는 행위를 하면서 아이들은 자연스럽게 수와 친해지고, 수를 그야말로 '가지고 노는' 아이들로 자랄 수 있다. 숫자와 친해지면, 수학으로 아이의 마음을 여는 일도 쉬워진다.

가장 보편적이 블록 놀이로 추상의 수를 함께 만들어보는 것은 수학을 공부하자며 책을 펼치는 것과는 비교할 수도 없을 정도로 아이들에게 친근하게 다가갈 수 있는 방편이 되어준다. 블록으로 셈을 가르치는 것이라 특히 엄마들이 아이들을 가르치고 이끄는 데에도 별 무리가 없고 접근이 용이하다는 것도 큰 장점이다. 엄마들의 호응도가 높은 이유다.

욕심이 들어가면 망친다

아이들이 제일 만만하게 놀아왔던 블록으로 수를 쌓는다고 상상해보자. 얼마나 신나는 일인가? 아이들이 좋아하는 놀이가 바로 공부가 된 것이다. 아이가 마음을 여니 엄마들도 신이 난다. 공부하라고 다그쳤던 지난날의 날선 언어들이 아이와 자연스럽게 소통하는 시간이 되면서 웃음소리가 끊이지 않는다. 그러나 그조차 교습자의 욕심이 들어가면 즐거운 놀이 수학을 할 수 없다. 블록셈으로 놀아줄 때 명심해야 할 것은 하나다. 끊임없이 놀아줄 것과 욕심내지 말 것. 아이가 하자는 대로 아이 스스로 하도록 놔둘 것이다.

나 또한 욕심을 내는 바람에 놓친 아이들이 있다. 그래서 얻은 교훈은 아이들에게 어떠한 스트레스를 주어서도 안 된다는 것이다.

그래서 나는 아이들을 불편하게 만들지 않는 수학 놀이 방법을 연구했고, 그 결과 블록에서 그 답을 찾았다. 10단 블록셈 교구는 이렇게 탄생했다.

정말 산만한 친구도 블록으로 소통하면 차분히 집중한다. 수를 만들다가 지루해하면 쌓기 나무처럼 이용하여 잠시 진짜 놀이로 빠져도 좋다. 어떨 때는 일렬로 블록을 끼워서 젠가를 하기도 한다. 아이들의 시선을 돌리게 하면 아이들은 금세 기분 전환이 되어 다시 수를 만드는 데 즐거운 마음으로 몰입할 수 있다.

에그블록은 블록셈과는 다른 촉감과 방식으로 만든 것이므로, 블록셈을 가지고 놀다가 에그블록으로 바꾸어 하면 아이들의 주의를 환기시킬 수 있어 좋다. 블록이 입체적으로 서로 끼워 맞춰서 숫자를 만든다면, 에그블록은 빈칸에 블록을 끼워 채우는 방식으로 수를 만드는 것이라, 두 가지 모두 이미지로 숫자를 익히게 하면서도 맞추는 방법이 달라 아이들은 번갈아 즐길 수 있다. 어느 블록이든 수학이 놀이가 되는 즐거움을 맛볼 수 있다는 것은 두 블록 모두 공통점!

손으로 만지며 하기에 두뇌 개발이 된다

블록셈으로 기초를 닦고

수리샘의 10단 블록셈은 기본적으로 5~8세 유치, 초등 저학년에게 손으로 교구를 만지며 셈을 배우게 하는 수학 놀이다. 블록셈을 구성하는 블록은 아이들이 숫자 1부터 10까지의 블록을 각각 끼우면서 만들어 익히게 하므로 소근육 발달과 수 세기 학습을 동시에 시킬 수 있는 장점이 있다.

아이들이 블록으로 어느 정도 셈에 흥미를 느꼈다면 그다음에는 에그블록판을 이용해 빈 공간에 각각 셈에 맞는 블록을 끼우게 한다. 수리샘의 10단 블록셈에서 각 숫자만큼 이미지화한 것을 에그블록에 다시 한번 끼우면서 복습하는 시간을 가지므로 아이들은 이때 블록으로 이미지화한 셈들을 다시 한번 정리할 수 있다.

에그블록으로 복습을

에그블록은 10개의 에그블록과 판으로 이루어졌다. 판에는 총 10개의 빈칸이 뚫려 있으며 왼쪽 맨 위에서 아래로 내려가며 1칸, 2칸, 3칸, 4칸, 5칸이 있고 오른쪽 맨 위에서 아래로 내려가며 6칸, 7칸, 8칸, 9칸, 10칸이 있어 에그블록 한 판에 10개의 에그블록을 끼울 수 있도록 만들어져 있다.

에그블록은 다양한 연산을 직접 손으로 만지며 셈을 해나갈 수 있도록 돕는다. 에그블록판 1칸에 에그블록을 1개 끼우면 1을 나타내고 2를 끼우면 2를 나타내는 식이다(10단 블록셈과 에그블록에 대해서는 2부 1장에 자세히 설명해놓았다).

블록셈과 에그블록을 활용하면 덧셈, 뺄셈은 물론이고 곱셈까지 아주 쉬운 식으로 표현하며 셈을 할 수 있다. 아이들은 책으로 공부하기 전에 블록과 에그블록으로 놀면서 익힐 수 있어 수와 친해지고 셈법도 쉽게 익히게 된다. 이때 엄마나 교습자는 간단한 가이드 역할만 해주어도 충분하다.

소근육 발달부터 타인과의 협응 능력 발달까지

소근육 발달 운동이란 손과 손가락을 사용하는 작은 운동으로 잡기, 놓기, 협응, 조작하기, 자르기, 용기 속에 물건 담기, 쓰기, 끼우기, 블록 쌓기 등 많은 부분이 포함되어 있다.

소근육 발달이 중요한 이유 중 하나는 두뇌 발달에 중요한 역할을 하기 때문이다. 뇌 운동 중추 기능 중 30% 이상을 손 운동이 차지하고 있어 손 운동과 두뇌 발달은 매우 높은 상관관계가 있다. 그래서 손과 손가락을 제2의 두뇌라고 부르기도 한다.

블록은 소근육 발달에 매우 좋은 교구가 되어준다. 조립식 블록은 교육적 효과로 볼 때 아이의 손가락과 손의 능력을 강화하고 눈과 손의 협응력을 향상시킨다. 그리고 아이가 다른 모양을 학습하는 것을 돕는 물리적 효과도 가져다준다.

블록 놀이는 아이가 또래 아이와 관계를 맺고 협동하는 것을 돕고, 종종 다른 사람들과 어울리게 되는 첫 경험의 자리를 차지한다. 왜냐하면 블록 놀이를 함으로써 상대와 상호작용을 경험하게 되고 이를 바탕으로 사회적인 소통력과 관계를 쌓아가기 때문이다. 사회성이 발달하려면 소통력이 기본이 된다. 블록 놀이는 이 소통력의 근간이 되어줄 수 있다.

어휘 발달과 의사소통 능력을 키우는 데 도움이 된다

아이는 블록의 크기와 모양, 위치, 개수를 묘사하면서 학습하기 때문에 잠재적으로는 어휘력이 좋아지고 의사소통 능력을 키우는 데 도움을 받을 수 있다. 블록으로 여러 가지 모양의 수를 다양한 방법으로 만들면서 아이는 자연스럽게 자신이 만든 모양이 나타내는 수를 설명하게 된다. 나름 논리적인 근거를 들어 설명하는 과정에서 어휘력과 소통력이 향상된다.

여럿이 블록을 가지고 놀 때는 자기 생각을 상대에게 질서 있게 말하며 의견을 전달해야 하므로, 발표력을 훈련할 기회가 되기도 한다. 전체적으로 어휘력이 늘고 문장의 완성도가 높아지며, 의사소통 능력이 높아지는 것을 나 역시 많은 아이들과 수업을 하면서 경험했다.

10단 블록은 12가지 색으로 이루어져 있어 아이들은 다양한 색의 조화를 경험할 기회도 맛볼 수 있다. 엄마가 좋아하는 색깔의 블록, 동생이나 친구가 좋아하는 색깔의 블록으로 각각 만들어보면서 많은 이야기의 장을 마련할 수도 있다. 색감을 자극하고 스토리를 만들면서 활발한 두뇌 활동도 동시에 이루어진다.

이처럼 블록셈으로 사고력 연산을 하게 되면 블록이 가지고 있는 많은 장점과 함께 전반적인 공부 머리와 IQ뿐 아니라 EQ 발달에도 많은 도움을 받을 수 있다.

블록을 머릿속에 이미지화함으로써 저절로 계산이 된다

저절로 머리셈이 된다

어릴 적 주산을 배운 적이 있는가? 주산을 배울 때는 머릿속에서 주판알을 그리며 주산을 연습한다. 수를 계산할 때 주판알의 이미지 영상을 동시에 떠올리면, 수 계산이 저절로 이루어지기 때문이다.

블록셈의 원리도 이와 같다. 1 더하기 4가 5가 되는 것이 블록에 끼워진 이미지로 머릿속에 저절로 떠올라 기계적 암산이나 연습을 하지 않아도 학습 효과가 이루어진다. 1부터 10까지 블록을 만들며 수의 조합을 이미 하게 되므로 1시간도 집중하지 못하던 아이들이 2시간 이상 블록을 가지고 셈을 하게 되는 경험을 할 수 있다. 그리고 1단부터 10단까지 차례대로 읽히면 덧셈이 저절로 머리셈으로 된다.

수를 가르치지 않고 만들어가는 과정이다

아이들에게 블록은 눈과 손을 즐겁게 하는 행복한 놀이 도구다. 그 놀이 도구를 가지고 엄마와 함께 수 모형을 만들며 수학 공부가 아닌 놀이를 할 때 아이들은 집중도를 최고로 올릴 수 있어 모든 수 모형들이 저절로 이미지로 각인된다. 그리고 이런 각인은 더하기 개념과 빼기를 하는 데 큰 도움이 된다.

블록셈은 수를 가르치지 않고 함께 수를 만들어가는 과정이다. 이미지화를 강요하지 않아도 수를 만들어갈 때 블록이 저절로 머릿속에 그려지므로, 덧셈이 저절로 되는 것을 느낄 수 있다.

수리샘의 10단 블록셈을 막 개발했을 때 나는 몇 날 며칠 잠을 자지 않고 계속해서 수를 만들어보았다. 블록의 색깔이 너무 예뻐 수로 조합한 잔상이 머리에서 떠나지 않았기 때문이다. 게다가 블록을 끼워 맞추면서 숫자 세기를 하는 것이 테트리스 같은 게임을 하듯 소소한 재미를 주었다.

나는 밤새 자연스럽게 블록의 개수를 수와 연결하며 작은 수에서 큰 수까지 수를 조합하게 되며 조형물을 만들 때에도 연속된 수의 합을 하며 곱셈에 대한 이해도 저절로 하게 되었다.

블록으로 1부터 20까지만 만들어보아도 사실 기본 덧셈은 거의 다 해보는 셈이 된다. 거기다 수리샘의 10단 블록셈으로 차례대로 블록을 만들어본다면 만드는 과정에서 덧셈의 원리가 저절로 이해되어 머리에 셈법이 저절로 각인된다.

아무리 큰 숫자도 머리셈이 가능해진다

수리샘의 10단 블록셈은 1에서 20까지의 수를 스스로 익히며 덧셈과 뺄셈이 저절로 되는 원리를 깨우쳐주고 셈과 숫자를 이미지로 머릿속에 기억하게 해주므로 아이들은 기본 연산이라면 아무리 숫자가 커져도 머리셈으로 쉽게 할 수 있다.

그리고 이렇게 저절로 덧셈과 뺄셈이 익숙해지면 블록과 덧셈단표를 이용해서 이어 곱셈의 원리도 자연스럽게 익힐 수 있다. 덧셈과 이어서 곱셈을 익히고 사고력 연산을 정립시키는 데 3개월이면 충분하다. 어떤 아이도 대개 3개월이면 사고력 기초 연산이 끝난다.

연산의 속도 또한 놀라울 정도로 빨라진다. 블록의 이미지 셈 효과는 정말 놀랍다. 수를 재미없어하던 친구가 블록을 가져가면 공부라 생각하지 않고 놀이로 받아들여 몰입도와 집중도가 높아진다. 매일 반복적으로 1부터 10, 11부터 20블록으로 그저 수만 만들어주었을 뿐인데 덧셈이 저절로 되니 이보다 더 좋은 사고력 연산이 있을까?

엄마는 보조적 역할만 하면 된다

엄마들이 더 열광하는 블록셈

처음 블록셈 수업을 하기 위해 엄마들과 상담해보면, 이 수업에 대한 엄마들의 열광과 지지가 매우 높음을 알 수 있다. 엄마들이 수학이라는 이름으로 아이를 가르치는 일에 고단함을 매우 많이 느끼고 있던 터라 놀아주면서 게임을 하듯이 할 수 있다는 말에 반색을 하는 것이다.

엄마들은 편하고 쉽게 아이를 가르치고 싶어도 그 방법을 몰라 고심하다가, 내가 알려주는 블록셈과 에그블록으로 쉽게 소통하고 놀아줄 수 있게 되어 매우 만족도가 높아진다. 아이는 물론이고 엄마들도 수학 놀이를 하는 시간을 기다리게 된다.

나는 많은 엄마들로부터 단 한 차례의 블록셈 수업만으로도 아이들이 이 수업에 푹 빠진다는 이야기를 자주 듣는다. 그리고 그런 격려와 감사 인사를 들을 때마다 역시 '이 수업 방법이 정말 맞구나'라는 생각을 다시금 하게 된다. 자신감 없던 아이가 자신감이 넘치고 수학을 두려워하던 아이가 아침에 일찍 일어나 화이트 보드에 수를 가득 적어놓고 뿌듯해하는 모습을 보면 정말이지 내 마음이 다 환해진다.

이 기쁜 소식을 함께 공유하고 엄마들과 나누며 내가 가르치며 느꼈던 희열을 엄마들도 느끼게 된다면 얼마나 행복할까 하는 생각도 매번 한다. 영어 교육은 집에서 노출시키며 가르치기가 수월해 엄마표 영어가 가능하지만 수학은 엄마표로 하기가 매우 어려운 과목이다. 방법을 아는 엄마도 드물고 대부분의 엄마들이 '수학' 앞에서 마냥 작아지고 막막해한다.

'10단 블록셈' 학습은 블록으로 놀아주기만 하면 저절로 연산이 되므로 부담감 없이 엄마가 차근차근 아이를 이끌어줄 수 있다. 엄마는 어디까지나 보조적인 역할만 해주면 되므로 기존의 학습지나 엄마표 수학과는 다른 접근법이다. 수를 블록으로 조합하다 보면 연산이 저절로 되니 얼마나 즐거운 일인가. 아이도 엄마도 찡그리지 않고 수를 배울 수 있어 관계를 해칠 이유도 없다.

아이가 선생님이 되는 수업

덧셈 10단을 아이와 함께할 때 가장 중요한 것은 아이가 많이 얘기하고 생각하도록 엄마는 보조적인 역할에 머문다는 점이다. 한 번 정도만 전체적인 놀이 방법을 설명해주고 이후부터는 아이가 모든 진행을 맡아 한다.

엄마는 학생 역할, 아이는 선생님 역할을 하여 아이로 하여금 수를 설명하게 한다. 아이가 설명을 썩 잘 해내면 엄마는 리액션을 크게 해주며 칭찬한다. 그것으로 엄마의 역할은 끝난다. 가르치려 하지 말고 그저 놀아주기. 그게 수리샘의 10단 블록셈 학습법의 가장 큰 핵심이다. 놀아주는 사이에 아이들은 자연스레 수학을 즐기는 아이가 되어 있음을 알게 될 것이다.

어떤 놀이가 아이의 수학 머리를 깨워줄까

수리샘의 10단 블록셈은 '보수(짝꿍수)' 놀이라고 할 수 있다. 내가 어릴 때 다녔던 주산학원에서는 10보수만 강조하고 알려주었던 기억이 어렴풋하게 난다. 블록셈의 덧셈 10단표에서는 5단부터 10단까지 정말 중요한 보수에 대해 블록으로 직접 만들며 정리를 한다.

나는 보수는 익히는 방법으로 놀이를 제안한다. 예를 들어 엄마가 5 만들기를 제안하면 아이는 블록 1개와 4개, 블록 2개와 3개, 블록 3개와 2개, 블록 4개와 1개를 붙여 5를 만들면 된다. 만약 형제라면, 서로 누가 먼저 빨리 만드는가를 두고 시합을 해도 좋다. 아직 손힘이 약하다면 12블록보다는 빈 구멍에 끼워 넣을 수 있는 에그블록으로 보수(짝꿍수) 찾기 놀이를 해도 좋다.

모든 면이 같은 수로 만든 1부터 9 주사위로 수리셈의 덧셈 10단을 익히며 다양한 게임을 함께 하는 것도 추천한다. 구체적인 놀이 방법은 2부에서 본격적으로 자세히 설명하고 체험해보도록 하겠다.

이렇게 여러 가지 방법으로 덧셈 10단을 익히는 사이에 아이는 저절로 머리셈을 하며 수 연산의 원리를 알게 된다. 많은 문제를 풀지 않더라도 아이는 자연스럽게 원리에 의해서 셈을 하게 된다. 엄마나 교습자는 단지 게임의 가이드 역할만 해주면 아이들이 주도하며 할 수 있는 학습법이다.

수포자 엄마도 가르칠 수 있다

수포자 엄마, 수학에 도전하다

수포자 엄마도 연산은 할 수 있다. 물론 수 자체를 싫어하는 엄마도 있지만 그래도 대부분의 엄마들이 연산은 할 줄 안다. 그러나 아는 연산을 어떻게 아이에게 전달할 것인가? 그것을 제시하는 책들은 거의 없다고 본다. 그래서 이 책에서는 엄마들이 아이들과 수를 갖고 노는 방법을 제시하고자 한다.

처음 일주일 동안은 무조건 블록을 가지고 놀아준다. 1블록부터 10블록까지 만들고 11블록에서 20블록까지 만들어본다. 만드는 과정에서 블록의 화려한 색과 모양이 양으로 인지되어 아이에게 재미있는 모양을 제시하면 저절로 추상의 수가 구체물을 통해 인지되는 것을 알 수 있다. 아이들은 블록을 통해 신기하리만큼 수와 양을 저절로 알게 된다.

아이와 엄마가 똑같이 1블록부터 10블록까지 블록을 만든 후 수를 읽는 동안 이번에는 자연스럽게 덧셈 10단을 차례대로 만들어보도록 한다.

1단은 1블록에서 1블록을 붙여 2를 만들고, 만든 2블록에 1을 붙여 3을 만들고 만든 3블록에 1을 붙여 4를 만들고, 2블록과 2블록을 붙여 4를 만들어보는 것이다.

그다음 작은 동수 더하기인 2단은 엄마가 만든 1블록과 아이가 만든 1블록을 붙여 '1, 1, 2(1 더하기 1은 2라는 의미)'를 말하게 한다. 그다음 엄마의 2블록과 아이의 2블록을 붙여 '2, 2, 4(2 더하기 2는 4라는 의미)'를 말하게 한다. 이런 식으로 덧셈 10단을 익히면 시간 가는 줄 모르고 수 놀이에 빠져들게 된다(자세한 내용과 방법은 2부에 상세히 설명해놓았다).

주변에 있는 것은 뭐든 활용하자

놀이를 할 때 주의할 점은 어린아이들은 집중력이 10분을 넘기지 않기 때문에 10분 단위로 새로운 방법으로 호기심을 자극해야 한다는 점이다. 그렇게 해야만 아이들의 집중력을 끌어낼 수 있다. 그래서 나는 수업 시간에 10분 동안 블록으로 수를 만든 후 그다음은 10개의 달걀판 모형인 에그블록으로 또다시 수를 세며 덧셈 10단을 만들어 보도록 한다.

그렇게 구체물로 수를 익히고 나면 주사위 블록으로 게임을 유도한다. 동수 주사위를 던지며 동수 더하기를 해보기도 하고 5 주사위와 1, 2, 3, 4, 5 주사위를 던져서 5 대장수에 1, 2, 3, 4, 5를 더한 6, 7, 8, 9, 10을 주사위를 던져 보여주면서 익히도록 한다.

아이들은 특히 주사위 놀이를 정말 좋아한다. 그리고 주변에 있는 모든 것이 수 놀이의 교구가 될 수 있다. 이를테면 5단을 익힐 때 종이컵 4개를 가져와 엎어놓고 각각의 밑바닥에 숫자 1, 2, 3, 4를 써서 1종이컵과 4종이컵의 숫자를 더하면 5가 된다는 것을 익히고 2종이컵과 3종이컵의 숫자를 더하면 5가 된다는 것을 익힌다. 나아가 컵을 1, 4 / 2, 3으로 포개며 1, 4, 5 / 2, 3, 5를 말하게 한다.

6단을 익힐 때도 종이컵 밑바닥에 1, 2, 3, 4, 5를 써서 1종이컵과 5종이컵의 숫자를 더하면 6이 된다는 것을 익히고 2종이컵과 4종이컵의 숫자를 더하면 6이 된다는 것을 익힌다. 컵을 1, 5 / 2, 4로 포개며 1, 5, 6 / 2, 4, 6을 말하게 한다.

이와 같이 7단, 8단, 9단, 10단을 하며 수리샘의 덧셈 10단을 익혀나가 본다. 이렇듯 셈 공부는 따로 하는 것이 아니라 생활 속에서 항상 아이랑 놀아주며 할 수 있는 것이다. 이 같은 방식으로 매일 차근차근 아이와 놀다보면 아이의 머릿속에서 수가 놀랍게 정리되어 있는 것을 알게 될 것이다.

색과 모양으로 익히면 오래간다

엄마들은 대개 수를 가지고 어떻게 놀게 할지 그 방법을 몰라 아이들과 수학 놀이를 할 엄두를 내지 못한다. 하지만 덧셈 10단과 블록들, 주변의 장난감을 가지고서도 얼마든지 수를 확장시켜줄 수 있다. 이렇게 덧셈 10단 놀이에 익숙해지면 한 자리 수+한 자리 수를 놀이로 익힐 수 있고 두 자리 수+한 자리 수, 두 자리 수+두 자리 수

등 자릿값의 이해를 시킬 수 있게 되며 나아가 수의 덧셈을 확장시키고 빼셈 10단도 익힐 수 있게 된다.

빼셈 10단은 덧셈의 역산이라고 생각하고 충분한 덧셈 10단을 익힌 후 마찬가지로 블록으로 빼셈을 확인시켜준다. 예를 들어 6단의 6 만들기를 블록의 세 가지 유형인 1+5, 2+4, 3+3을 만든 후 1+5=6 블록에서 1개를 빼고 몇 개가 남았는지, 2+4=6 블록에서 2를 빼며 몇 개가 남았는지 눈으로 확인하고 손으로 만지며 이야기하게 한다. 이렇게 덧셈 10단의 모든 과정을 블록으로 하나하나 빼면서 변하는 셈을 읽히면 추상적인 식으로 외우면서 하는 셈보다 훨씬 수월하게 수 셈을 이해할 수 있다. 색과 모양으로 읽힌 수 체계가 생각보다 훨씬 뇌에 오래 기억되는 것은 덤이다.

아이들은 같이 하면 훨씬 잘한다

아이들은 빼셈을 덧셈보다 더 어렵게 느낀다. 하지만 이렇게 블록 구체물을 직접 손으로 만지며 빼보면 빼셈의 의미를 훨씬 쉽게 이해하고 자연스럽게 받아들인다. 블록으로 기초를 익힌 후 에그블록으로 빼셈 10단을 차례대로 해보면 이해가 훨씬 수월하다.

블록과 에그블록으로 수리샘의 빼셈 10단을 익혔다면 주사위 블록으로 다시 한번 게임을 해서 빼셈의 원리를 다져준다. 이때 숫자가 써 있는 종이컵이나 요구르트병으로 5, 6, 7, 8, 9, 10단 만들기를 하며 빼기를 한 번씩 해보며 다시 익히게 해본다.

예를 들어 1부터 8까지 적힌 종이컵을 차례대로 늘어놓은 후 1, 8

/ 2, 7 / 3, 6 / 4, 5 식으로 2개씩 컵을 짝지어 합이 9가 되게 한 후 1개의 컵을 빼며 나머지 수가 얼마인지 물어보며 빼셈식을 유도한다. 이렇게 다양한 방법으로 아이들에게 덧셈 10단과 빼셈 10단을 익히게 하면 아이들은 덧셈과 빼셈에 자신감을 갖게 되고 이는 고스란히 연산 실력으로 되돌아온다.

명심하자. 아이들과의 모든 수 놀이는 선생님과 양육자들과 같이 하면 언제나 흥미가 배가되고 동기부여에 큰 도움이 된다는 사실을.

초등 수학에서 진가를 발휘한다

2015년 교육과정과 연계되는 수학 과정 파헤치기

2015년 개정 교육과정은 영역별로 수와 연산, 도형, 측정, 규칙성, 자료와 가능성 5개의 영역으로 나뉜다. 이 가운데 수 연산과 측정이 차지하는 부분은 초등 수학 71개 단원 중에서 44개 단원이고 나머지 27개 단원은 도형, 규칙성, 자료와 가능성 영역이다.

초등 1~2학년에서는 무엇을 배우나

1~2학년군에서는 먼저 9까지의 숫자, 수의 크기, 수사 등을 이해하고 사용할 수 있게 한다. 수를 세고 읽을 줄 알며 수의 크기를 아는 것을 배우게 된다. 그 가운데 0의 의미도 알게 해야 하는데 0은 없음을 뜻하는 것과 자리를 나타내는 0의 의미를 이해하게 한다. 예를 들어 5+0=5에서의 0은 아무것도 없다는 뜻이지만 10, 100, 1000, 10000과 같은 수에서의 0은 일의 자리, 십의 자리, 백의 자리, 천의

자리가 각각 비어 있다는 의미로 0을 썼다는 것을 이해시켜야 한다.

1학년 1학기까지는 50까지의 수를 배우고 2학기 때는 100까지의 수를 배우고 덧셈, 뺄셈 연산에서 받아내림과 받아올림의 기초를 배운다. 2학년에서는 네 자릿수를 배우며 두 자릿수의 덧셈과 뺄셈을 배운다. 2015년 개정 교과서에서는 뺄셈을 여러 가지 방법으로 풀이하라는 문제가 나온다. 교과서에서는 이렇게 연산을 한 가지 방법이 아닌 여러 가지 풀이를 하도록 제시하고 있다.

나는 수업 시간에 아이들에게 50까지 수 읽기와 수 쓰기, 100까지 수 읽기와 수 쓰기판을 이용하여 수 세기와 수 쓰기를 연습하게 한다. 또한 덧셈 10단과 뺄셈 10단을 통해 덧셈과 뺄셈을 체계적으로 정리해 한 자리 수+한 자리 수, 두 자리 수+ 한 자리 수, 두 자리 수+두 자리 수를 다양한 방법으로 빠르고 정확하게 셈하도록 지도한다.

한 자리 수+한 자리 수 덧셈의 다양한 풀이 방법들

예를 들어 8과 9의 합을 구한다면 다음과 같은 방법으로 다양하게 연산해 답인 17을 구할 수 있다.

5 대장수로 더하기

5 대장수로 나누어 대장수는 대장수끼리 더하고 나머지끼리 더한다(8+9=5+3+5+4=10+7=17).

앞의 수를 10으로 만들어 더하기

앞에 오는 수를 10으로 만든 뒤 그 수만큼 뒤에서 빼고 더한다(8+9=8+2+7=10+7=17).

뒤의 수를 10으로 만들어 더하기

뒤에 오는 수를 10으로 만든 뒤 그 수만큼 앞에서 빼고 더한다(8+9=7+1+9=7+10=17).

두 수 모두 10으로 만든 후 빼기

두 수 모두 10으로 만든 뒤 그 수만큼 빼서 더한다(8+9=10−2+10−1=20−3=17).

두 자리 수+두 자리 수 덧셈의 다양한 풀이 방법들

예를 들어 18과 27의 합을 구한다면 다음과 같은 방법으로 다양하게 연산해 답인 45를 구할 수 있다.

같은 자릿값끼리 더하기

십의 자리끼리 더하면 10+20=30, 일의 자리끼리 더하면 8+7=15에서 30과 15를 더하면 45가 된다(18+27=10+20+8+7=30+15=45).

5 대장수로 나누어 빼기

18을 15+3으로 27을 25+2로 갈라서 15와 25를 더하면 40이고 3과

2를 더하면 5이므로 40+5=45가 됨을 알 수 있다(18+27=15+3+25+2=15+25+3+2=40+5=45).

앞의 수를 십의 단위로 만들어 더하기

앞의 수 18을 20으로 만들고 27에서 2를 뺀 25를 만들어 20과 25의 합인 45가 됨을 알 수 있다(18+27=18+2+25=20+25=45).

뒤의 수를 십의 단위로 만들어 더하기

뒤의 수 27에 앞 수 18중 3을 더하면 30이 되고 18은 15가 되어 30+15=45가 됨을 알 수 있다(18+27=15+3+27=15+30=45).

한 자리 수–한 자리 수 뺄셈의 다양한 방법들

예를 들어 9과 3의 차를 구한다면 다음과 같은 방법으로 다양하게 연산해 답인 6을 구할 수 있다.

갈라서 빼기

9는 6과 3으로 가른 후 3을 빼면 바로 6이 됨을 알 수 있다(9–3=6+3-3=6).

앞 수 10 만들어 빼기

9를 10으로 만들기 위해 1을 더한다. 그에 맞춰서 3에도 1을 더하면 4가 된다(여기서는 빼는 값이므로 14가 된다). 그래서 10–4=6으로 계산할 수 있다(9−3=9+1−3−1=6).

뒤 수 10 만들어 빼기

3을 10으로 만들기 위해 7을 더한다. 그에 맞춰서 9에도 7을 더하면 16이 된다. 그래서 16−10=6으로 계산할 수 있다(9−3=9+7−3−7=16−10=6).

두 자리 수–두 자리 수 뺄셈의 다양한 방법들

예를 들어 94와 37의 차를 구한다면 다음과 같은 방법으로 다양하게 연산해 답인 57을 구할 수 있다.

갈라서 빼기

94를 5 대장수를 기준으로 50과 44로 가르고, 이를 다시 54와 40으로 가르면 94-37=54+40-37이 되고 이것이 54+3이 되어 답이 57이 됨을 알 수 있다(94−37=54+40−37=54+3=57).

앞 수 십의 단위로 만들어 빼기

앞의 수 94를 90으로 만들고 남은 수 4를 뒤 수에 더해 계산한다(94-37=90-37+4=53+4=57).

뒤 수 십의 단위로 만들어 빼기

뒤 수를 40으로 만들기 위해 3을 더한다. 그리고 같은 값 3을 빼줘서 계산한다(94-37=94+3-37-3=97-40=57).

앞 수 일의 자리 뺀 후 빼기

앞의 수에서 일의 자리 4를 빼고(94-4) 그 값만큼 뺀 수(37-4=33)를 빼서 계산한다(94-37=94-4-33=90-33=57).

헷갈릴수록 사고력이 높아진다

어떤 학부모들은 아이가 헷갈려할까 봐 걱정한다. 그런 부모들에게 나는 "아이는 헷갈려야 합니다"라고 답한다.

단순한 기계식 계산은 장기적인 수학 학습에 전혀 도움이 안 된다. 그 부분이 바로 수포자가 되게 하는 학습법이기 때문이다.

2015년 개정 교과서에서는 다양한 덧셈, 뺄셈의 풀이법을 제시하라고 한다. 이것이 사고력 연산이다. 우리는 기계식 연산이 아닌 다양한 방법의 연산을 아이들에게 다뤄줘야 한다. 엄마들 세대에서 하는 기계식 연산으로는 개정 교과에서 요구하는 답을 하나밖에 제시하지 못한다. 앞으로는 이렇게 사고력 연산으로 가야 아이들이 수학 학습에서 살아남을 수 있다.

구구단을 외우지 말아야 수포자가 안 나온다

현재 교육과정에서는 초등 2학년부터 곱셈을 배우기 시작한다. 그런데 우리 아이들은 곱셈의 원리를 배우기 전에 구구단부터 먼저 외운다. 아무 뜻도 모른 채 아이들이 외우기를 강요당하는 것이다. 그러나 곱셈 역시 원리대로 배우는 게 무척 중요하다.

그렇다면 곱셈을 어떻게 원리대로 가르칠 것인가? 구구단을 외우지 않고 원리대로 하려면 동수 더하기와 동수 가르기 연습을 많이 해야 한다. 이렇게 원리대로 구구단을 시키면 구구단뿐 아니라 19단, 34단, 58단의 두 자리 수×한 자리 수 곱셈들을 쉽게 해결할 수 있다. 물론 나중에는 두 자리 수×한 자리 수는 분배 법칙을 이용해서 34×7=30×7+4×7=210+28=238 하는 식으로 구할 수 있지만 처음 구구단을 접할 때는 원리대로 시키는 것이 정말 중요하다. 그래서 나는 동수 모으기와 가르기를 통하여 곱셈과 나눗셈을 수월하게 이해하도록 돕는다. 이렇게 덧셈, 뺄셈, 곱셈, 나눗셈을 정리하면 분수 소수의 사칙연산을 정리하는 데 어렵지 않다. 이처럼 처음에 원리와 개념을 잘 정립하는 것이 항상 중요하다.

구구단도 블록을 이용하면 외우지 않고 정말 쉽게 정리할 수 있다. 예를 들어 9단을 설명한다면 9블록을 우선 10개 만든 다음 9+9=18, 18+18=36, 36+36=72가 됨을 블록으로 만들어보고 72에 9+9를 하면 90이 됨을 보여준다. 그래서 9×2, 9×4, 9×6, 9×10, 9×5, 9×9, 9×3, 9×6, 9×7을 블록으로 만들어보면 구구단을 무조건 외우지 않고 차근차근 체화시킬 수가 있다.

이와 같은 방법으로 8단부터 2단까지 하다 보면 구구단을 자연스럽게 하고 그 외 두 자리 수×한 자리 수, 세 자리 수×한 자리 수도 자연스럽게 정리할 수 있다. 구구단을 블록으로 잘 정리한 후 역으로 나눗셈을 곱셈의 역산으로 정리하면 아이들은 이 원리를 쉽게 이해한다. 정말 블록셈으로 쉽고 재밌게 덧셈, 뺄셈, 곱셈, 나눗셈을 다 정리할 수 있다. 이런 방식을 활용하면 수리샘의 10단 블록셈으로 연산을 쉽게 마스터할 수 있다.

아이들은 초등 때 이미 어려운 수학을 하고 있다

지금까지 살펴본 바 초등 수학의 가장 중요한 부분은 역시 수와 연산이라고 할 수 있다. 물리적인 양으로도 이 부분이 60% 이상 차지하기 때문에 연산을 빠르고 정확하며 즐겁게 정리해야만 다음 단계들을 넘어갈 수 있다고 할 수 있다.

내가 가르쳤던 우수한 친구들은 전부 영역별 수학으로 즐겁게 단기간에 수학 단원을 정리하였다. 어떤 분들은 영역별 수학을 하면 도형을 안 한다고 생각하거나 수와 연산 단원과 연결이 안 된다고 생각한다. 그러나 그건 오해다. 초등부 4학년, 5학년, 6학년 수 연산을 영역별로 정리하면 4개월 정도면 전체를 정리할 수 있다.

그 후 도형과 측정, 규칙성, 자료와 가능성을 정리하는 데 3개월을 쓰고 다시 응용편으로 다지기를 하며 심화 최상위권 문제를 병행하며 들어간다. 학생과 학부모들은 대부분 영역별 수학을 단단히 하니 자기 학년 최상위 문제들을 스스로 풀 수 있어 좋다는 반응이다. 그런 뒤에 중등수학을 영역별 수학으로 정리하고 자기 학년 이후 심화를 들어가면 선행과 심화를 균형 있게 학습할 수 있다.

수능까지 문제없다

영역별 수학으로 수학 전체 단원의 줄기를 잡는다

왜 초등학교 3학년 때 수포자들이 나온다는 얘기가 나올까? 바로 덧셈, 뺄셈의 여러 가지 풀이 방법과 곱셈을 해결하지 못하여 아이들이 수학을 힘들고 어려운 과정으로 느끼게 되기 때문이다. 의미없는 구구단 외우기를 7세부터 자꾸 외우게 하고 그러다가 두 자리 수×한 자리 수, 두 자리 수×두 자리 수를 하다가 놓치며 수학은 고통의 과목이 되기 시작하는 것이다. 거기다가 자연수 범위의 덧셈, 뺄셈, 곱셈도 헤매고 있는데 분수와 나누기까지 나와 수학은 혼돈으로 빠지기 시작한다.

물론 수 감각 좋은 친구들은 7세 때 이미 3학년 과정의 곱셈과 나눗셈을 하는 경우도 있다. 왜 우리 아이는 4학년인데도 수학에 트라우마가 있을 정도로 힘들어하고, 7세 다른 어린아이는 3학년 과정의 연산들을 어렵지 않게 이해할 수 있을까?

반복되는 이야기지만, 첫 단추인 연산의 접근이 잘못되었기 때문이다. 이유도, 개념도, 원리도 없이 무조건 외우는 수 연산이 아이들을 수를 잘 다루는 아이와 그렇지 못하는 아이로 나뉘게 한다. 처음부터 원리에 의해 접근해주어야 아이가 바른 수 연산을 할 수 있다. 어쩌면 이것이 외우는 수학보다 더뎌 보일 수도 있다. 하지만 원리에 따라 수를 분해하고 조합하고 원리와 개념을 충분히 이해하는 아이들은 어느 정도 지나면 놀랍게 수 감각이 생기고 또 탁월해지는 것을 확인할 수 있다.

3학년까지 수를 자유자재로 가지고 놀지 못하는 대부분의 아이들이 수학이 너무나 어려운 과목이 되어 점점 수학과 멀어지게 된다. 나는 3학년까지는 정말 수를 가지고 놀 수 있게 아이가 개념과 원리에 집중하는 재미있고 신나는 수학을 하게 해야 한다고 강조하고 싶다. 문제를 많이 풀지 않아도 원리만 이해하면 연산이 저절로 잘 풀어진다.

그래서 나는 아이들에게 먼저 덧셈 10단, 뺄셈 10단을 완벽히 익힌 후 구구단과 19단을 곱셈 원리에 따라 할 수 있도록 정리하여 가르친다. 그렇게 3학년까지 연산을 신나게 한 후 4학년, 5학년, 6학년 과정은 나선형 교육과정으로 되어 있는 단원들을 5개의 영역으로 나누어 학년에 상관없이 연계하여 정리해주는 것이 수학 공부에 많은 도움이 된다.

예를 들어 초등 4학년, 5학년, 6학년 과정에 나오는 분수와 소수의 덧셈, 뺄셈, 곱셈, 나눗셈을 1년 지날 때마다 다시 배우는 것이 아니라 분수와 소수의 덧셈이 되면 뺄셈과 곱셈과 나눗셈을 연계시켜 단계별로 학습을 시키는 것도 좋은 학습 방법이다. '그런 학습이 선행이기 때문에 안 된다' 하는 식의 말들은 학습 방법의 차이이기 때문에 '어느 것이 옳다, 그르다, 해서는 된다, 안 된다'의 논란 거리가 아니라고 생각한다.

오랫동안 특목반 학생들과 중상위권 아이들에게 영역별 수학을 가르치다 보니 평균 이상 되는 학생들의 수학 학습에 많은 도움을 주었다. 지금도 많은 중상위권 학생들에게 초등 3학년 과정이 끝나면 이 영역별 수학을 추천한다. 많은 단원을 차지하는 수와 연산 영역이 끝나면 도형과 측정, 자료와 가능성 영역을 차례대로 정리한다. 자기 학년의 반복 학습도 중요하지만 원리를 이해하고 응용 심화가 되는 학생들은 다음 단계를 연계시켜 학습을 시켰을 때 많은 학습 효과를 보았기 때문이다. 물론 응용 심화가 어려운 친구들은 차근차근 응용 심화를 하며 다지기에 힘쓰는 것이 옳다.

연산이 탄탄한 4학년 학생들 중에서 초등 전 과정 영역별 수학을 했을 때 4개월 만에 자기 해당 학년의 수학을 정리하면서 자기 학년의 최상위 문제들을 무난히 푸는 것을 보며 어머님들이 정말 신기했던 일이 있었다. 아이들은 영역별 수학과 심화를 병행했을 때 심화 문제의 문제 해결력이 눈에 띄게 좋아졌다.

초등부 영역별 수학을 정리한 후에는 중등부 영역별 수학과 초등부 심화 과정에 들어간다. 중등부 영역별 수학은 수와 식, 방정식, 함수, 도형, 자료의 정리를 차례로 학습해나간다.

영역별 수학이 자신감을 UP시킨다

10단 블록셈을 활용한 셈수학을 가르치기 전 나는 중등부와 초등부 고학년에서 특목반 아이들을 대상으로 영역별 수학을 가르쳤다. 중1 특목반 기준 자연수와 합성수, 유리수와 순환소수, 무리수, 허수와 복소수를 정리하며 학생들이 영역별 수학 수업을 아주 무난히 이해하는 것을 보았다. 이렇게 모든 단원들을 영역별로 가르치며 이해하게 하는 데 큰 어려움을 못 느꼈다. 그러면서 심화로는 A급 수학을 풀렸는데 아이들은 이도 무난히 풀어냈다.

그 후로 나는 중상위권 아이들에게 영역별 수학과 심화 과정을 함께 병행하며 수학 공부를 시켰다. 대부분의 아이들이 고등부에 가서 1등급을 놓치지 않았다. 시간이 비교적 많은 초중등부 때 선행과 심화 영역별 수학을 적절히 활용한다면 고등부에서 수학을 놓치거나 포기하는 일은 없다.

얼마 만에 가능할까

그러면 이 같은 영역별 학습을 아이들이 얼마 만에 할 수 있을까? 진도는 아이들마다 차이가 있을 수 있다. 표준 진도는 성실한 초등 4학년 기준 주 3회에 6개월이면 4, 5, 6학년 영역별 수학을 하는 데 충분하다.

그 후 6개월 동안 다시 응용문제를 다뤄 다지기를 하면서 중등 과정 영역별 수업을 진행하며 자기 학년 심화 문제를 숙제로 점검한다. 선생님과 함께하는 부분은 중등 영역별 수학과 초등 심화 영역별 수학을 복습으로 함께 진행하는 것이다.

중등부 영역별 수학을 하기 위해서는 일단 중학교 1학년 1학기 방정식까지 3개월동안 정리한 후 중학교 2학년, 3학년 과정의 영역별 수학을 시작한다. 대략 6개월 정도면 한 바퀴를 돌고 복습에 들어가며 2학기 진도의 도형 파트를 정리할 수 있다. 중등 영역별 수학을 전체적으로 정리하는 데는 주 3회 기준 1년에서 1년 6개월이면 탄탄하게 영역별 수학 전 단원을 정리할 수 있다. 특별한 학생들만 하는 것이 아니라 수학을 좋아하는 영역별 초등 수학을 정리한 친구들은 중등부 영역별 따라가는 데 그리 힘들지 않다.

외우지 않고 곱셈과 구구단도 가능하다

동수 더하기만 끝내면 구구단은 OK

중고등부 학생들만 가르치다가 초등부 학생들에게 중고등부 과정을 가르치게 되면서 있었던 일이다. 당시 내가 만난 초등학생들 가운데는 구구단을 외워서 곱셈을 하는 것을 너무나 어려워하는 친구들이 많았다. 마침 초등부 수업에 관심을 쏟고 있던 터라 그때부터 구구단을 어떻게 하면 외우지 않고 곱셈을 잘할 수 있을까 하는 고민을 하게 되었다.

우리나라 수학 교육이 잘못 가고 있는 대표적인 부분이 곱셈의 원리를 알려주지 않고 무조건 구구단을 외우게 하는 데 있다고 나는 생각한다.

구구단은 동수 더하기의 연속이라고 보면 되기 때문에 동수 더하기만 연습시켜도 쉽게 할 수 있다. 정확하게 덧셈과 뺄셈이 되는 친구들이라면, 나는 30분 만에 아이들에게 한 자리 수×한 자리 수, 두 자리 수× 한 자리 수, 세 자리 수×한 자리 수까지 아이가 스스로 생각하며 곱셈을 해나가게 만들 수 있다. 비법은 '원리'에 있다. 내가 개발한 '수리샘의 곱셈단표'만 이해하면 아이들은 저절로 곱셈이 되는 원리를 얼마든지 알 수 있다.

다음은 저절로 곱셈이 되는 곱셈단표의 설명이다. 따라 하기만 하면 곱셈이 저절로 되고 수의 확장에도 적용되어 아이가 곱셈을 자유자재로 하게 된다(수리샘의 10단 블록셈을 익힌 아이들은 덧셈 원리에 근거해 곱셈도 쉽게 할 수 있다).

수리샘의 곱셈단

곱하기 10

어떤 수를 10번 더하는 것이다. 동수 더하기로 직접 더하기를 해본 후 어떤 수에 0을 붙이는 규칙을 이용해 여러 가지 수에 ×10을 해보는 연습을 한다.

예를 들어, 9×10은 9+9+9+9+9+9+9+9+9+9=18+18+18+18+18=36+36+18=72+18=90이다. 8×10은 8+8+8+8+8+8+8+8+8+8=16+16+16+16+16=32+32+16=64+16=80이다. 이와 같이 각 수들을 10번 더하면 각 수에 0을 붙이는 규칙이 되는 것이다(9×10=90, 8×10=80, 7×10=70, 6×10=60, 5×10=50, 4×10=40, 3×10=30, 2×10=20).

곱하기 5

×10의 반의 개념으로 동수 가르기 연습한 부분을 활용한다. 9

	×10	×5	×9
9	90	90의 반 45	90−9=81
8	80	80의 반 40	80−8=72
7	70	70의 반 35	70−7=63
6	60	60의 반 30	60−6=54
5	50	50의 반 25	50−5=45
4	40	40의 반 20	40−4=36
3	30	30의 반 15	30−3=27
2	20	20의 반 10	20−2=18

×5=90의 반 45, 8×5=80의 반 40, 7×5=70의 반 35, 6×5=60의 반 30, 5×5=50의 반 25, 4×5=40의 반 20, 3×5=30의 반 15, 2×5=20의 반 10이 쉽게 연산된다.

곱하기 9

×10에서 어떤 수를 한 번 뺀다. 빼기 연습을 할 수 있다. 9×9는 9×10−9=9+9+9+9+9+9+9+9+9+9−9=18+18+18+18+18−9=36+36+18−9=90−9=81이 된다.

9×10−9=90−9=81, 8×10−8=80−8=72, 7×10−7=70−7=63, 6×10−6=60−6=54, 5×10−5=50−5=45, 4×10−4=40−4=36, 3×10−3=30−3=27, 2×10−2=20−2=18로 연산이 된다.

	×2	×4	×8
9	9+9=18	18+18=36	36+36=72
8	8+8=16	16+16=32	32+32=64
7	7+7=14	14+14=28	28+28=56
6	6+6=12	12+12=24	24+24=48
5	5+5=10	10+10=20	20+20=40
4	4+4=8	8+8=16	16+16=32
3	3+3=6	6+6=12	12+12=24
2	2+2=4	4+4=8	8+8=16

곱하기 2

동수(같은 수)를 더하는 개념이다. 9×2는 9+9=18이 된다. 마찬가지로 8×2=8+8=16, 7×2=7+7=14, 6×2=6+6=12, 5×2=5+5=10, 4×2=4+4=8, 3×2=3+3=6, 2×2=2+2=4로 연산이 된다.

곱하기 4

동수 더하기를 2번 하는 개념이다. 9×4는 9×2+9×2=18+18=36이 된다. 마찬가지로 8×4=8×2+8×2=16+16=32, 7×4=7×2+7×2=14+14=28, 6×4=6×2+6×2=12+12=24, 5×4=5×2+5×2=10+10=20, 4×4=4×2+4×2=8+8=16, 3×4=3×2+3×2=6+6=12, 2×4=2×2+2×2=4+4=8로 연산이 된다.

곱하기 8

동수 더하기를 3번 하는 개념이다. 9×8은 9×2+9×2+9×2+9×2=18×2+18×2=36×2=72가 된다. 마찬가지로 8×8=8×2+8×2+8×2+8×2=16×2+16×2=64, 7×8=7×2+7×2+7×2+7×2=14×2+14×2=56, 6×8=6×2+6×2+6×2+6×2=12×2+12×2=48, 5×8=5×2+5×2+5×2=10×2+10×2=40, 4×8=4×2+4×2+4×2+4×2=8×2+8×2=16×2=32, 3×8=3×2+3×2+3×2+3×2=6×2+6×2=24, 2×8=2×2+2×2+2×2+2×2=4×2+4×2=8+8=16으로 연산이 된다.

곱하기 3

동수 더하기에 한 번 더한다. 9×3은 9×2+9=18+9=27이 된다. 마찬가지로 8×3=8×2+8=16+8=24, 7×3=7×2+7=14+7=21, 6×3=6×2+6=12+6=18, 5×3=5×2+5=10+5=15, 4×3=4×2+4=8+4=12, 3×3=3×2+3=6+3=9, 2×3=2×2+2=4+2=6으로 연산이 된다.

곱하기 6

×10의 반에 동수를 1번 더한다. 9×6은 90의 반 45에 9를 더한 54다. 마찬가지로 8×6=80의 반 40+8=48, 7×6=70의 반 35+7=42, 6×6=60의 반 30+6=36, 5×6=50의 반 25+5=30, 4×6=40의 반 20+4=24, 3×6=30의 반 15+3=18, 2×6=20의 반 10+2=12로 연산이 된다.

	×3	×6	×7
9	18+9=27	45+9=54	45+9+9=63
8	16+8=24	40+8=48	40+8+8=56
7	14+7=21	35+7=42	35+7+7=49
6	12+6=18	30+6=36	30+6+6=42
5	10+5=15	25+5=30	25+5+5=35
4	8+4=12	20+4=24	20+4+4=28
3	6+3=9	15+3=18	15+3+3=21
2	4+2=6	10+2=12	10+2+2=14

곱하기 7

×10의 반에 동수를 2번 더한다. 9×7은 90의 반 45에 18을 더한 63이다. 마찬가지로 8×7=80의 반 40+16=56, 7×7=70의 반 35+14=49, 6×7=60의 반 30+12=42, 5×7=50의 반 25+10=35, 4×7=40의 반 20+8=28, 3×7=30의 반 15+6=21, 2×7=20의 반 10+4=14로 연산이 된다.

아이가 '수리셈의 10단 블록셈'으로 덧셈과 뺄셈이 익숙해지면, 앞에서 배웠던 것을 토대로 다음 페이지에 나와있는 빈칸을 채우면서 아이와 함께 곱셈을 연습해보자.

9

× 10	× 5	× 9
× 2	× 4	× 8
× 3	× 6	× 7

8

× 10	× 5	× 9

× 2	× 4	× 8

× 3	× 6	× 7

7

× 10	× 5	× 9

× 2	× 4	× 8

× 3	× 6	× 7

6

× 10	× 5	× 9

× 2	× 4	× 8

× 3	× 6	× 7

5

× 10	× 5	× 9

× 2	× 4	× 8

× 3	× 6	× 7

4

× 10	× 5	× 9
× 2	× 4	× 8
× 3	× 6	× 7

3

× 10	× 5	× 9
× 2	× 4	× 8
× 3	× 6	× 7

2

× 10	× 5	× 9
× 2	× 4	× 8
× 3	× 6	× 7

1

× 10	× 5	× 9
× 2	× 4	× 8
× 3	× 6	× 7

3장

블록셈 수학으로 큰 아이들

선행 없던 8세 아이, 6개월 만에 연산 정복

사고하는 힘이 좋았던 A

내가 A를 만났을 때 A는 당시 여덟 살이었다. 워낙 야무지고 자기 의사가 분명했던 A는 수학 공부하기를 좋아하는 친구였다. 아이와 함께 온 아버지는 A는 공부 습관이 잘 잡혀 있고 지적 호기심도 높으며 수학 공부를 매우 좋아하는 친구라고 했다. 나에게 상담을 온 것도 A가 먼저 수학 학원에 보내달라고 해서 오게 되었다고 아버지는 말하셨다.

첫 상담에서 A는 아빠와 토론식 수업을 하며 원리에 충실한 수학 공부를 하고 있다고 했다. 아이의 공부를 함께 해주는 아버지라서 교육열이 대단해 보였다. 나는 아버님께 수업 방향을 말씀드리고 어떤 방향의 수학 공부를 원하는지 질문했다.

A의 아버지는 이과 출신이라 수학 공부에 대해 정확히 원하는 방향이 있었다. 그것은 정확한 원리와 왜 그런지에 대한 개념을 단단히 하는 수업이었다. 단순히 문제 풀이가 아닌 개념과 원리를 정확

히 이해해서 다른 문제를 스스로 풀어내는 방향의 수업이 되었으면 한다고 했다.

1시간 이상의 상담을 진행한 결과 A는 초등학교 1학년 수준의 진도를 나갔지만 다른 친구들에 비해 사고하는 힘이 좋은 아이라는 게 보였다. 개념이나 원리가 아직 덜 잡혀 있는 부분에서는 이를 확실히 알 수 있도록 개념과 원리를 알려주었는데, 이때 그 부분이 이해가 안 가면 집요하게 자기의 수학 풀이 방법을 고집했다. 이런 성향이 A의 장점으로 보였다.

또 저학년이다 보니 수학 문제 자체보다도 문장 이해력이 부족한 부분이 눈에 띄었지만, 이 역시 차분히 해결해나가면 되는 문제였다. 어떤 원리에 대해 이해될 때까지 몰입하는 성향이 돋보였고 1학년 아이라고 보기 어려울 정도로 학습 습관이 잘 잡혀 있었다.

수학이 즐거운 시간

A와 주 3회 규칙적으로 수업을 진행하며 토론식 수업을 병행하였다. 아이가 워낙 성실하고 설명을 하면 관련된 문제와 개념을 숙지하려고 많이 노력했기에 수업은 매우 수월하고 빠르게 진행되었다. 또 A는 특유의 지적 욕구가 강해 질문도 많이 했다. 무엇보다 수학 공부를 즐기는 모습에 가르치는 선생님도 즐거운 수업을 해나갈 수 있었다.

1학년이기에 덧셈 10단부터 시작했다. 이후 사고력 연산을 차근차근 밟아가 6학년 사고력 연산까지 마쳤는데, 그 기간이 6개월이

채 안 걸렸다. 덧셈 10단은 덧셈의 기초적인 부분을 자세히 정리해 놓은 것이라 아이가 기존에 알고 있는 개념을 확실하게만 잡아주면 속도와 정확도 면에서 많은 도움을 받을 수 있다.

그 원동력이 되었던 것은 설명해준 모든 개념에 대해 바로바로 문제를 풀고 정리하면서 다음 단원들에 대해 호기심을 가지고 선생님과 토론식 수업을 진행한 것이었다. 또 수업이 끝나고도 바로 복습에 들어가고 아이도 이를 성실히 수행했기에 가능했다.

아빠와 수업할 때와 달리, 나는 A의 이런 지적 호기심을 빠르게 잡아내며 엄청난 양의 수학 개념을 넣어주었다. 고학년들이 하는 사고력 연산까지 차근차근 공부한 뒤 초등 영역별 수학을 나갔다. 요약 정리되어 있는 학습서보다 시중 교재들 중 편집이 잘된 것을 선택해 4학년, 5학년, 6학년 교재 6권을 한꺼번에 사서 2개월 동안 수 연산 파트를 정리하였다. 수와 연산 파트는 교재의 60% 이상을 차지했기에, 충분한 복습이 가능했다. 그런 다음 2개월 동안 나머지 도형, 측정, 규칙성, 자료와 가능성을 정리했다.

6개월, 중학교 1학년 방정식에 들어가다!

A와 수업을 진행할 때 내가 가장 중점을 두었던 부분은 교재를 아주 꼼꼼하게 빠지는 부분 없이 정리해나간다는 것이었다. 물론 수 연산을 할 때 도형 부분이 나오는 일부 문제에 대해서는 보류를 해놓았다. 빠진 부분은 도형과 측정 진도를 나간 후 다시 복습하며 나갔다.

이렇게 초등 영역별 수학을 끝낸 후 본 학년 심화 과정과 중1 수학을 병행하였다. 중1 과정 중 특히 방정식 활용을 하나하나 분석하여 유형별로 정리해 초 1학년이 6개월 만에 중1 방정식을 정리하는 데 큰 무리가 없었다. 전제 조건은 꾸준한 성실도와 수학 공부를 정말 즐겼다는 것이다.

A는 이렇게 중1 과정을 정리한 후 치앙마이 국제학교 입학시험을 치렀다. 결과는 영어는 5학년, 수학은 중1 과정 수준의 성적이 나와서 본인은 물론이고 부모님들도 매우 기뻐했다. 열심히 하니 잘하고 있다고 생각은 했지만 생각보다 높은 점수에 놀랐다는 것이다.

A는 높은 그레이드를 받고 초등 4학년으로 입학해서 2021년에는 중학교에 진학했다. 한국 나이로 아직 열 살인데, 2년 월반을 하는 셈이다. A의 어머니는 딸이 학교에 입학한 뒤에도 A의 소식을 자주 전해준다. 즐겁고 재미있게 잘하고 있다는 소식을 들을 때마다 뿌듯하고 기쁜 마음을 감출 길이 없다.

덧셈 10단의 개념 원리가 가져다준 나비효과

덧셈 10단의 효과는 이렇게 대단하다. 아이들에게 덧셈 10단은 연산을 정리하는 데 정말 효과적인 매개체가 되어준다. 이미 2년이나 높은 공부를 하면서도 A는 수학뿐 아니라 전 과목에서 뛰어난 성적을 받고 글로벌 인재의 모습을 갖추고 있다. 현재 A는 수학 공부 또한 어떤 도움도 받지 않고 혼자 스스로 다 하고 있고, 미국으로 유학을 계획하며 자신의 꿈을 향해 한 걸음씩 나아가고 있다. 어린 제자의 모습이 너무나도 자랑스럽고 기대가 된다.

A가 어려운 수학을 그 먼 데서도 혼자 잘 해나갈 수 있는 비결을 나는 1학년 때 수리샘의 10단 블록셈으로 개념과 원리를 잘 정리한 덕분이라고 확신한다. '구슬이 서 말이어도 꿰어야 보배'라는 말처럼 덧셈 10단과 곱셈단은 흩어져 있던 연산들을 꿰어주는 역할을 한다.

블록셈 수학으로 수의 두려움을 없애다

수학을 잘하고 싶지만 거부감이 있던 B

B는 어머니와 함께 상담을 받으러 왔다. B의 어머니는 아이 수학 교육에 관심이 많아 유아 때부터 이런저런 학습지에 노출을 많이 시켰다고 했다. 그런데 이상하게도 아이가 수학에 거부감을 느낀다면서 어떻게 해야 할지 고민이라고 털어놓았다.

B를 만나 테스트를 하면서 단순한 연산 몇 가지를 가지고 질문해 나가는데 아이가 많이 긴장하는 모습이 한눈에 보였다. 대부분 이런 친구들은 어릴 때부터 기대치가 있어 수학은 잘하고 싶으나 잘 안 되어 수학을 거부하게 되는 경우다. 설명하는 중간중간 본인이 하겠다고 하며 적극적인 모습을 보이면서 테스트에 임했지만 너무 긴장했는지 떨기까지 했다. 아이에게 이것저것 물어보았는데, B는 단순 연산 문제에 대해 제대로 대답도 못 하고 힘들어하는 모습이 많이 보였다. 테스트라고 해봐야 놀이체험 수업처럼 진행한 것이었는데도, 아이의 긴장감이 나한테까지 전해졌다.

B처럼 수학에 트라우마가 있는 친구들에게는 10단 블록셈 수업이 제격이다. 딱딱한 문제 풀이나 교재 같은 원리 설명이 아니어서 아이들을 '학습'이라는 틀에 가두지 않기 때문이다. 이때의 수학은 놀이라고 인지할 수 있도록 아이를 자꾸 행복하게 해주어야 한다. 아이와 블록을 매개로 계속 대화하며 알록달록한 색의 블록으로 수를 만들고 계산하게 하므로, 수학에 두려움이 있거나 거부감이 있는 아이의 마음을 열게 해준다.

첫 수업에서 덧셈 10단까지 완료한 C

C는 학교도 들어가지 않은 7세였다. 그런데 나와 공부하고 싶어 한다며 어머니가 연락해왔다. 그렇게 만난 C와 나는 정말 재미있게 블록을 펼쳐서 1부터 10까지 만들었다. 구체물로 된 블록으로 모양을 만들며 블록의 모양에 맞는 수를 자연스럽게 연결시켰다. C는 평소에 하던 학습지나 수학 교재가 아니라 블록을 가지고 열심히 끼우고 분리하면서 수 세기를 하니 매우 집중해서 몰입했다.

C와 놀다 보니(?) 어느새 블록으로 한 자리 수+한 자리 수가 아니라 10이 넘어가는 연산을 하게 되었다. C와 나는 그런 상황을 미처 알아차리지도 못한 채 다음번 놀이로, 또 그 다음번 놀이로 넘어가기 바빴을 뿐인데, 10자리 수 연산을 하고 있었다.

10단 블록셈으로 C와 수를 읽힌 후 에그블록판을 가지고 다시 한 번 수와 양을 가늠해보았다. 덧셈 10단의 진도가 금세 나갔다. 첫 수업 날 동수 더하기와 보수 관계를 일목요연하게 파악해 결국 한 자리 수+한 자리 수를 빠른 속도와 정확도로 연산할 수 있게 되었다. 덧셈 10단은 이처럼 아이들이 알고 있던 수들이 자연스럽게 정리가 되는 매직 툴이다.

C는 학습지나 방문 학습의 수학은 좋아하지 않았다. 연산을 할 때도 틀릴까 봐 두려운 마음에 조바심을 많이 느끼는 편이었다고 C의 어머니는 첫 상담에서 말하셨다. 그런 아이가 자연스럽게 사고력 연산이 되다 보니 블록셈 수업 시간을 마냥 기다리는 아이가 되었다고 한다.

C처럼 처음 블록셈 수학을 접한 아이라도 한 달만 지나면 교구(블록셈과 에그블록, 주사위 같은)로 하는 한 자리 수 더하기가 매우 익숙해져서 그 후부터는 책으로 된 문제를 풀 수 있게 된다.

빼기의 원리도 덧셈의 원리와 다르지 않으므로 덧셈 원리를 충분히 익히면 뺄셈 원리도 어렵지 않게 익혀 따로 설명하지 않아도 아이들은 자연스럽게 빼기를 할 수 있다. C는 덧셈을 알고 나서 매우 빠른 시간에 뺄셈의 원리도 쉽게 익혔다.

블록셈 수업 한 달이 채 되지 않아 C는 수학 수업 시간을 즐길 수 있을 정도로 수학의 트라우마가 없어졌다. 수학은 아이들이 즐길 수 있는 방식으로 배워야 한다. 12블록으로 이루어진 10단 블록셈과 에그블록, 주사위를 이용한 게임과 수 가르기판으로 더하기와 빼기를 쓰며 복습하는 블록셈 수업은 기초가 되는 아이들의 연산 실력뿐 아니라 사고력 수학까지 자연스럽게 길러주는 최적의 방법이다.

두려움을 떨친 B와 C, 수학에 날개 달다

B와 C가 수학 실력이 향상된 데에는 어머니의 정성이 큰 역할을 하였다. 선생님에 대한 무한 신뢰와 아이를 전적으로 믿어주는 마음이 밑바탕이 되어 두 아이는 성장할 수 있었다. 아이가 스트레스 받지 않도록 격려해주고 응원의 말을 끊임없이 해주는 두 어머니의 모습에서 정말 아이를 위한 어머니의 마음이 무엇인지 깊이 깨달을 수 있었다. 아이뿐만 아니라 가르치는 나에게도 늘 고맙다는 말을 하시고 아이가 나날이 좋아진다는 피드백을 해주어 나도 더욱 기운이 났던 기억이 있다. 그러한 사소한 말 한마디가 아이를 가르치는 교사들에게는 얼마나 큰 용기와 힘이 되는지 어머니들은 아마 잘 모를 것이다.

이렇게 엄마, 선생님, 아이가 하나가 되어 수업을 진행하는데 아이가 안 좋아질 수 없다. 많이 웃으며 놀 수 있는 수학 시간을 아이들은 즐거운 마음으로 늘 기다려주었고, 나 또한 그 아이들과 함께하는 시간이 늘 행복했다. 이런 친구들 덕분에 나도 행복한 수학 선생님이 될 수 있어 참 좋다.

B 역시 기본 연산 이후 곱셈 원리를 배워 한 달 만에 구구단은 물론 두 자리 수×한 자리 수, 세 자리 수×한 자리 수로 날개를 달며 곱셈을 정리할 수 있게 되었다. 첫 단추만 잘 끼우면 진도를 나가는 데 어렵지 않다. 수학을 두려워하던 아이에서 수학을 즐기는 아이로 바뀐 두 아이의 계속되는 약진을 늘 응원한다.

3개월에 세 자리 수 덧셈 마스터, 6개월에 곱셈까지

산만한 D, 블록셈과 사랑에 빠지다

D는 전형적인 6세 남자아이이다. 상담을 와서도 D는 한시도 가만히 앉아 있지 못하고 부산스럽게 행동했다. 왕성한 호기심에 활동력도 강해서 계속 본인 얘기만 하며 나에게 집중을 하지 못했다.

D와 첫 상담을 하는 중에도 나는 D와 어떻게 수업을 진행해야 할지 가늠이 되지 않아 잠시 머릿속이 복잡했다. 부산스럽고 잠시도 집중하지 못하며 또 주의가 산만한 아이여서, 한 자리에 10분 이상 앉혀놓는 것이 가장 큰 난관으로 보인 아이였던 것이다.

그런데 12가지 블록을 책상에 꺼내자마자 D는 눈동자를 반짝였다.

“와~ 이게 뭐예요, 선생님? 만져봐도 돼요?”

D는 블록을 이것저것 살펴보더니, 서로 끼워 맞추면서 이 모양 저 모양으로 만지기 바빴다.

나는 이때다 싶어서 D에게 블록을 끼워 1과 1이 2가 되는 방법과, 이어서 3과 4가 되는 방법을 알려주고 한번 해보라고 시켰다.

그러자 D는 이것이 수학 수업인 줄은 꿈에도 모른 채 블록의 세계에 빠져들어 1시간 동안 그 자리에서 꼼짝도 안 하고 블록 놀이만 했다. 심지어 1시간이 지났는데도 더 하고 싶다고 했다.

아이가 집중하지 못할까 봐 걱정하던 D의 어머니는 매우 기뻐했다. 블록셈이 아이들에게 인기가 많다는 것을 익히 알고 있었지만 그래도 조금 걱정을 했던 나 또한 D가 블록셈 앞에서 반짝반짝 빛나는 눈빛을 보이자 매우 기뻤다.

이토록 매력적인 블록

아이를 키우는 엄마들은 블록이라면 다 같은 블록인 줄 아는 경우가 많다. 교구에서 블록이 차지하는 비율은 매우 높기 때문이다. 그래서 내가 12블록으로 블록셈 수업을 진행한다고 말씀드려도, 그냥 예의 거기서 거기인 블록인 줄 짐작한다. 그러다가 정육면체 120개짜리로 불과 20일 만에 덧셈과 뺄셈 그리고 곱셈까지 가능한 아이로 만들어놓는 것을 보고는 깜짝 놀라곤 한다.

D의 어머니도 아들의 '낯선' 모습에 감탄에 감탄을 거듭했다.

"세상에, 내 아이가 이렇게 집중력이 높은 줄 몰랐어요."

D의 어머니가 첫 수업을 마치고 돌아가면서 했던 말씀이 아직도 귀에 생생하다.

아이들은 재미있어야 좋아한다. 그리고 자신들이 좋아하는 것에는 얼마든지 집중하고 몰두한다. 나와 3개월 동안 블록으로 노는 동안 D는 한 자리 수+한 자리 수 연산 원리를 깨우치고 십의 자리 덧셈과 백의 자리 덧셈도 확장하여 계산할 줄 알게 되었다. '수리샘 10단 블록셈'의 원리는 눈으로 사진 찍듯이 확인하면서 색과 모양을 이미지화하여 머릿속에 저장하는 것이므로 6세임에도 십의 자리와 백의 자리 덧셈을 이해하는 데 어려움이 없다.

블록으로 동수 만들기와 5, 6, 7, 8, 9, 10단을 만들다 보면 한 자리 수+한 자리 수, 두 자리 수+두 자리 수, 세 자리 수+세 자리 수도 무난히 하게 된다. 그렇게 덧셈 10단 뺄셈 10단을 한 후 동수 더하기를 어느 정도 연습하면 원리에 의해 구구단을 외우지 않아도 저절로 하게 된다.

D처럼 빠른 친구들은 1개월 만에, 조금 느린 친구들은 5개월 만에 한 자리 수+한 자리 수를 익힐 수 있다. 그리고 대개 6개월이면 빠른 친구든 느린 친구든 누구나 구구단 원리에 의한 곱셈을 하게 된다.

구구단을 외우지 않고 곱하기를 마스터한 E

6세 E는 수리샘의 덧셈 10단과 뺄셈 10단을 탄탄하게 익힌 친구였다. 이후 E는 더하기와 빼기를 이용해 구구단을 정리하고 19단, 두 자리 수×한 자리 수도 어렵지 않게 터득하게 되었다.

부모들은 덧셈이나 뺄셈보다 곱셈이 훨씬 어렵고 고차원적이라고 생각하겠지만, 동수 더하기, 동수 가르기를 충분히 연습하고 더하기 빼기를 탄탄히 하면 곱셈은 정말 어렵지 않다. 절대로 단순 구구단 암기로 아이가 기계적 연산을 하게 하면 안 된다. 그런 방법으로는 곱셈의 확장이 잘 되지 않기 때문이다. 그래서 곱셈은 덧셈과 뺄셈으로 원리대로 배우는 것이 너무나 중요하다.

수리샘의 10단 블록셈을 한 친구들은 구구단의 9단부터 곱셈을 한다. E는 나와 2단과 8단을 30분 동안 같이 하고 갔는데, E의 어머니는 이후 아이가 11단, 12단도 확장하며 수를 가지고 논다며 내게 고맙다는 말을 거듭 전해왔다.

수학의 흥미는 계속된다

이렇게 수리샘의 10단 블록셈은 구구단을 외우지 않고 저절로 곱셈을 할수 있도록 해준다. 수리샘의 곱셈단표는 구구단을 외우지 않고 수를 확장시키며 두 자리 수×한 자리 수, 세 자리 수×한 자리 수를 자연스럽게 할 수 있다. 그래서 우리 친구들은 구구단 원리 이해와 동시에 3학년 수준의 세 자리 수×한 자리 수까지 바로 할 수 있다.

호기심이 많고 활동적이어서 부모들이 걱정했지만 블록셈이 주는 재미에 흠뻑 빠져들어서 블록을 가지고 노는 시간이 가장 좋다고 하는 D와 블록으로 손쉽게 곱셈을 마스터한 E에게, 수학은 어렵고 지루하며 부담스러운 과목이 아니라 흥미진진하고 재미있으며 신기하기만 한 학습이다. 두 친구들이 앞으로도 수학에 대한 흥미를 잃지 않고 성장하기를 바란다.

2부

20일 완성, 10단 블록셈 따라 하기

1장

10단 블록셈으로 놀아보자

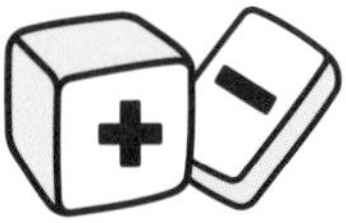

블록으로 수 연산하기

블록은 수, 면적, 부피, 길이, 비교 등을 정말 다양하게 즐기며 수학을 할 수 있는 좋은 교구다. 블록 놀이를 하려면 먼저 블록으로 수의 양을 표현한 후 다양한 수의 조합과 분리를 통해 더하기와 빼기을 익힌다. 먼저 1부터 10까지 블록으로 수를 익혀보자.

낱개 블록을 합쳐 만든 블록 모양을 보고 바로 수로 말할 수 있도록 연습시킨다. 이때 6, 7, 8, 9, 10은 5 대장수에 1, 2, 3, 4, 5를 블록에 끼워 5와 1, 5와 2, 5와 3, 5와 4, 5와 5의 합이 6, 7, 8, 9, 10임을 보이고 이미지화한다.

6, 7, 8, 9, 10 블록을 만들려면 블록을 추가로 1개씩 늘려 끼워야 하므로 서로 반대되는 색(보색)을 배치하여 선명하게 구별되도록 하는 것이 좋다. 색의 선명한 대비로 인해 아이들은 블록을 머릿속에서 훨씬 직관적으로 이미지화할 수 있어 좋다.

1	 1블록	6	 6블록
2	 2블록	7	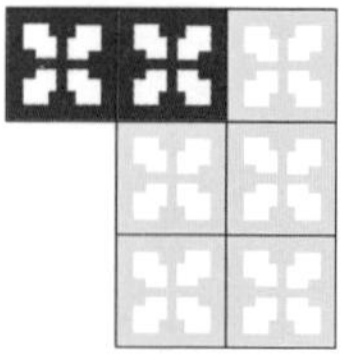 7블록
3	 3블록	8	 8블록
4	 4블록	9	 9블록
5	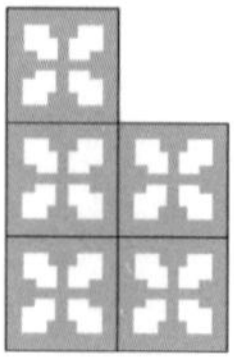 5블록	10	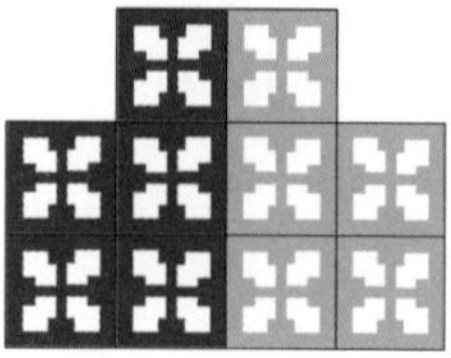 10블록

에그블록으로 수 연산하기

에그블록은 블록과 에그블록판으로 이루어 있다. 블록을 손으로 만지며 수의 양을 읽히기에 이보다 더 좋을 수 없다. 마찬가지로 에그블록도 1부터 10까지 판에 에그블록을 끼우며 수를 읽혀 이미지화한다.

에그블록의 개수를 한눈에 읽힐 수 읽도록 연습시킨 후 1부터 10까지 수를 이미지화한다. 에그블록판은 왼쪽 위부터 아래까지가 1~5칸이고, 오른쪽 위부터 아래까지가 6~10칸이다.

6, 7, 8, 9, 10은 5 대장수를 기준으로(왼쪽의 1칸부터 5칸까지 채워 5 대장수를 만든 뒤에) 오른쪽 빈칸에 각각 1, 2, 3, 4, 5개씩 에그블록판에 끼워 1과 5, 2와 5, 3과 5, 4와 5, 5와 5(에그블록을 읽을 때는 오른쪽 칸부터 먼저 읽는다)의 합이 6, 7, 8, 9, 10임을 보이고 이미지화한다.

1	 1에그블록	6	 6에그블록
2	 2에그블록	7	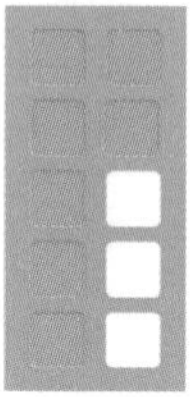 7에그블록
3	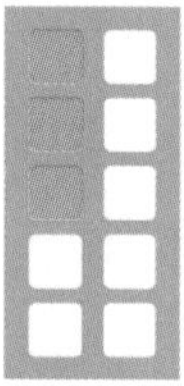 3에그블록	8	 8에그블록
4	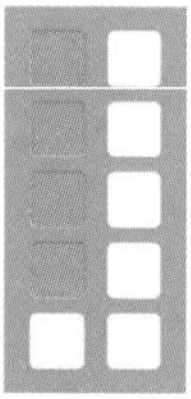 4에그블록	9	 9에그블록
5	 5에그블록	10	 10에그블록

주사위 놀이로 수 연산하기

수리샘의 10단 블록셈에서 사용하는 주사위는 일반 주사위와 다르다. 6면에 1~6까지 숫자가 적혀 있는 것이 아니라 하나의 주사위는 하나의 수만을 의미하도록 만들어졌다. 6면 중 위와 아래에는 고유의 숫자(1~5)가 써 있고 옆 4면에는 각 수에 해당하는 블록(또는 에그 블록)이 그려져 있다. 즉, 1을 나타내는 1주사위에는 숫자 1과 1블록 그림, 2주사위에는 숫자 2와 2블록 그림만이 그려져 있다. 주사위로 나타낼 수 있는 범위는 10단까지이며, 이는 다음 페이지 그림처럼 표현된다.

주사위 놀이는 수 연산에 정말 좋은 교구다. 기본 1부터 5까지는 그대로 쓰고 6은 5 대장수를 기준으로 5 대장수와 1주사위로 6을 표현하고 7은 5주사위와 2주사위로, 8은 5주사위와 3주사위로, 9는 5주사위와 4주사위로, 10은 5주사위와 5주사위로 나타낸다(6, 7, 8, 9주사위도 따로 있다). 이렇게 하면 1, 2, 3, 4, 5, 6, 7, 8, 9, 10주사위를 나타낼 수 있다.

1	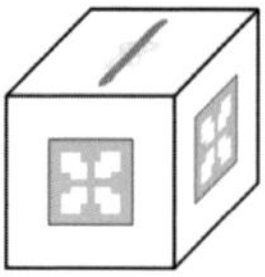 1주사위	6	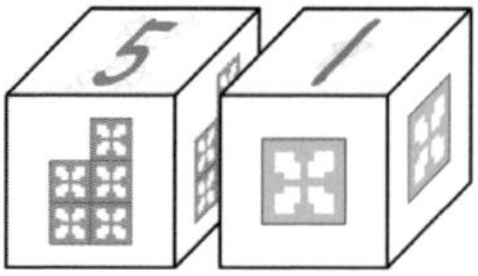 6주사위
2	 2주사위	7	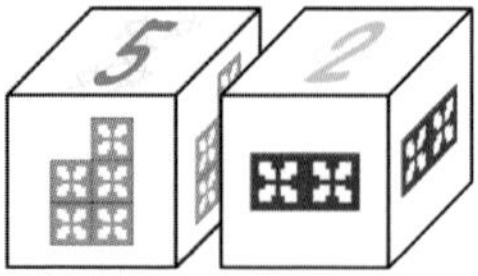 7주사위
3	 3주사위	8	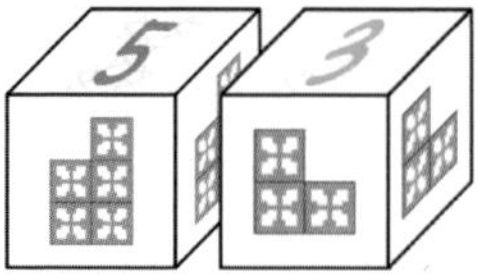 8주사위
4	 4주사위	9	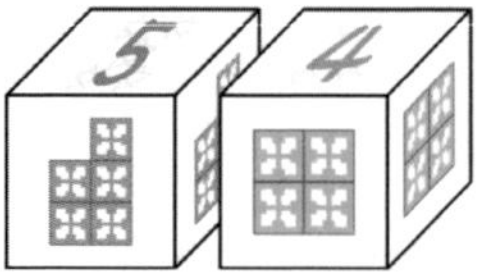 9주사위
5	 5주사위	10	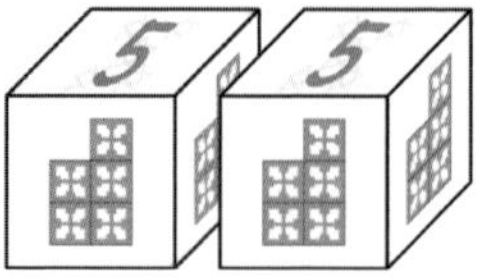 10주사위

수리샘의 덧셈 10단 따라 하기

수리샘의 덧셈 10단에서 가장 기초가 되며 중요한 단은 1~4단이다. 1을 기준으로 1, 2, 3을 더하여 2, 3, 4를 만들고 2+2로 4를 만드는 것은 아이들이 셈에 첫발을 디디는 기초이자 바탕이 되어준다. 특히 2단과 4단은 같은 수(동수)를 더하는 연습이므로 덧셈에서는 매우 중요한 단이자 곱셈의 기초가 된다. 3단은 5를 대장수로 하여 1, 2, 3, 4, 5를 더해가는 방식이므로 대장수를 중심으로 개념을 익히게 해준다.

수리샘의 덧셈 10단표는 1단부터 10단으로 이루어져 있다. 덧셈 10단을 아이들에게 정리해주면 머리셈으로 암산이 되어 정확하고 빠른 셈을 할 수 있다. 수리샘의 덧셈 10단을 마스터하는 시간은 10일이면 충분하다. 덧셈 10단 정리를 할 때 3가지 활동 놀이를 활용하면 아이들은 자연스럽게 수를 익히며 수학의 원리를 놀이와 게임으로 깨우칠 수 있다.

수리샘의 덧셈10단표

1단	2단	3단	4단	5단
1 + 1 = 2	1 + 1 = 2	5 + 1 = 6	6 + 6 = 12	1 + 4 = 5
1 + 2 = 3	2 + 2 = 4	5 + 2 = 7	7 + 7 = 14	2 + 3 = 5
1 + 3 = 4	3 + 3 = 6	5 + 3 = 8	8 + 8 = 16	3 + 2 = 5
2 + 2 = 4	4 + 4 = 8	5 + 4 = 9	9 + 9 = 18	4 + 1 = 5
	5 + 5 = 10	5 + 5 = 10	10 + 10 = 20	

6단	7단	8단	9단	10단
1 + 5 = 6	1 + 6 = 7	1 + 7 = 8	1 + 8 = 9	1 + 9 = 10
2 + 4 = 6	2 + 5 = 7	2 + 6 = 8	2 + 7 = 9	2 + 8 = 10
3 + 3 = 6	3 + 4 = 7	3 + 5 = 8	3 + 6 = 9	3 + 7 = 10
4 + 2 = 6	4 + 3 = 7	4 + 4 = 8	4 + 5 = 9	4 + 6 = 10
5 + 1 = 6	5 + 2 = 7	5 + 3 = 8	5 + 4 = 9	5 + 5 = 10
	6 + 1 = 7	6 + 2 = 8	6 + 3 = 9	6 + 4 = 10
		7 + 1 = 8	7 + 2 = 9	7 + 3 = 10
			8 + 1 = 9	8 + 2 = 10
				9 + 1 = 10

덧셈 1단부터 4단까지

1단은 2에서 4 만들기다. 1+1=2, 1+2=3, 1+3=4, 2+2=4가 되는 것을 익힌다. 2단은 5 이하의 작은 동수 더하기다. 1+1=2, 2+2=4, 3+3=6, 4+4=8, 5+5=10이 되는 것을 익힌다.

3단은 5를 대장수로 하여 1씩 더해나간다. 5+1=2, 5+2=7, 5+3=8, 5+4=9, 5+5=10임을 익힌다. 4단은 6 이상 10 이하의 큰 동수 더하기다. 6+6=12, 7+7=14, 8+8=16, 9+9=18, 10+10=20

이 되는 것을 익힌다.

1에서 하나씩 늘어나는 것을 먼저 익혀야 나머지 단을 이해할 수 있으므로 1단 구성은 2, 3, 4 만들기로 구성했다. 3단은 5 대장수를 안 뒤 여기에 1, 2, 3, 4, 5를 더해 나가게 함으로써 한 자리 수+한 자리 수의 합이 10이 넘어가는 덧셈을 할 때 쉽게 이해할 수 있도록 돕는 단이다.

예를 들어 7+8을 5 대장수로 표현하면 7과 8을 각각 5+2와 5+3으로 표현할 수 있다. 이는 다시 10+2+3으로 표현되고, 이는 간단히 15라는 합을 도출시킨다. 5 대장수는 이처럼 10이 넘어가는 수도 5를 기준으로 10씩 만들고 나머지 수를 더하면 되므로, 아이들이 3단의 5 대장수만 파악하면 10이 넘어가는 수도 얼마든지 쉽게 할 수 있게 된다.

덧셈 5단부터 10단까지

5단에서 10단은 5부터 10을 만드는 과정이다. 5단은 5 만들기로 1+4=5, 2+3=5, 3+2=5, 4+1=5를 익힌다. 6단은 6 만들기로 1+5=6, 2+4=6, 3+3=6, 4+2=6, 5+1=6을 익힌다.

7단은 7 만들기로 1+6=7, 2+5=7, 3+4=7, 4+3=7, 5+2=7, 6+1=7을 익힌다. 8단은 8 만들기로 1+7=8, 2+6=8, 3+5=8, 4+4=8, 5+3=8, 6+2=8, 7+1=8을 익힌다.

9단은 9 만들기로 1+8=9, 2+7=9, 3+6=9, 4+5=9, 5+4=9, 6+3=9, 7+2=9, 8+1=9를 익힌다. 10단은 10 만들기로 1+9=10,

2+8=10, 3+7=10, 4+6=10, 5+5=10, 6+4=10, 7+3=10, 8+2=10, 9+1=10을 익힌다.

덧셈 10단을 알면 100단, 1000단까지 할 수 있다

덧셈 100단표

덧셈 100단표는 덧셈 10단표에 있는 덧셈 연산식을 모두 10배를 하여 나타낸 연산식이다. 덧셈 10단표에 10배를 하면 덧셈 100단표

수리샘의 덧셈100단표

10단	20단	30단	40단	50단
10 + 10 = 20	10 + 10 = 20	50 + 10 = 60	60 + 60 = 120	10 + 40 = 50
10 + 20 = 30	20 + 20 = 40	50 + 20 = 70	70 + 70 = 140	20 + 30 = 50
10 + 30 = 40	30 + 30 = 60	50 + 30 = 80	80 + 80 = 160	30 + 20 = 50
20 + 20 = 40	40 + 40 = 80	50 + 40 = 90	90 + 90 = 180	40 + 10 = 50
	50 + 50 = 100	50 + 50 = 100	100 + 100 = 200	

60단	70단	80단	90단	100단
10 + 50 = 60	10 + 60 = 70	10 + 70 = 80	10 + 80 = 90	10 + 90 = 100
20 + 40 = 60	20 + 50 = 70	20 + 60 = 80	20 + 70 = 90	20 + 80 = 100
30 + 30 = 60	30 + 40 = 70	30 + 50 = 80	30 + 60 = 90	30 + 70 = 100
40 + 20 = 60	40 + 30 = 70	40 + 40 = 80	40 + 50 = 90	40 + 60 = 100
50 + 10 = 60	50 + 20 = 70	50 + 30 = 80	50 + 40 = 90	50 + 50 = 100
	60 + 10 = 70	60 + 20 = 80	60 + 30 = 90	60 + 40 = 100
		70 + 10 = 80	70 + 20 = 90	70 + 30 = 100
			80 + 10 = 90	80 + 20 = 100
				90 + 10 = 100

가 됨을 알 수 있다. 예를 들어 1+1=2에 10배를 하면 10+10=20이 된다. 아이들에게 100단표를 알게 하면 한 자리 수+한 자리 수뿐 아니라 두 자리 수+두 자리 수, 세 자리 수+세 자리 수를 저절로 할 수 있다. 자릿값을 이해시킨 다음에는 아이들에게 바로 덧셈을 하도록 연습시킨다.

덧셈 1000단표

덧셈 1000단표는 덧셈 10단표에 있는 덧셈 연산식을 모두 100배

수리샘의 덧셈1000단표

100단	200단	300단	400단	500단
100+100=200	100+100=200	500+100=600	600+600=1200	100+400=500
100+200=300	200+200=400	500+200=700	700+700=1400	200+300=500
100+300=400	300+300=600	500+300=800	800+800=1600	300+200=500
200+200=400	400+400=800	500+400=900	900+900=1800	400+100=500
	500+500=1000	500+500=1000	1000+1000=2000	

600단	700단	800단	900단	1000단
100+500=600	100+600=700	100+700=800	100+800=900	100+900=1000
200+400=600	200+500=700	200+600=800	200+700=900	200+800=1000
300+300=600	300+400=700	300+500=800	300+600=900	300+700=1000
400+200=600	400+300=700	400+400=800	400+500=900	400+600=1000
500+100=600	500+200=700	500+300=800	500+400=900	500+500=1000
	600+100=700	600+200=800	600+300=900	600+400=1000
		700+100=800	700+200=900	700+300=1000
			800+100=900	800+200=1000
				900+100=1000

를 하여 나타낸 연산식이다. 덧셈 10단표에 100배를 하면 덧셈 1000단표가 됨을 알 수 있다. 예를 들어 1+1=2에 100배를 하면 100+100=200이 된다. 이렇게 지도하면 한 자리 수+한 자리 수, 두 자리 수+두 자리 수, 세 자리 수+세 자리 수의 덧셈을 확장하여 할 수 있다.

수리샘의 뺄셈 10단 따라 하기

뺄셈 1단부터 4단까지

수리샘의 뺄셈 10단은 덧셈 10단과 비슷한 방법으로 진행된다. 1단은 2, 3, 4에서 1을 빼면 1, 2, 3이 됨을, 4에서 2를 빼면 2가 됨을 아는 것이다. 2단은 5 이하의 작은 동수 빼기를 익히는 것으로 2−1=1, 4−2=2, 6−3=3, 8−4=4, 10−5=5임을 아는 것이다.

3단은 6, 7, 8, 9, 10에서 5 대장수를 빼서 1, 2, 3, 4, 5가 됨을 아는 것이다. 4단은 6 이상 10 이하의 큰 동수 빼기를 익히는 것으로 12−6=6, 14−7=7, 16−8=8, 18−9=9, 20−10=10임을 아는 것이다.

뺄셈 5단부터 10단까지

5단은 5에서 1, 2, 3, 4를 빼서 5−1=4, 5−2=3, 5−3=2, 5−4=1임을 안다. 6단은 6에서 1, 2, 3, 4, 5를 빼서 6−1=5, 6−2=4, 6−3=3, 6−4=2, 6−5=1임을 안다.

수리샘의 뺄셈10단표

1단	2단	3단	4단	5단
2 − 1 = 1	2 − 1 = 1	6 − 5 = 1	12 − 6 = 6	5 − 1 = 4
3 − 1 = 2	4 − 2 = 2	7 − 5 = 2	14 − 7 = 7	5 − 2 = 3
4 − 1 = 3	6 − 3 = 3	8 − 5 = 3	16 − 8 = 8	5 − 3 = 2
4 − 2 = 2	8 − 4 = 4	9 − 5 = 4	18 − 9 = 9	5 − 4 = 1
	10 − 5 = 5	10 − 5 = 5	20 − 10 = 10	

6단	7단	8단	9단	10단
6 − 1 = 5	7 − 1 = 6	8 − 1 = 7	9 − 1 = 8	10 − 1 = 9
6 − 2 = 4	7 − 2 = 5	8 − 2 = 6	9 − 2 = 7	10 − 2 = 8
6 − 3 = 3	7 − 3 = 4	8 − 3 = 5	9 − 3 = 6	10 − 3 = 7
6 − 4 = 2	7 − 4 = 3	8 − 4 = 4	9 − 4 = 5	10 − 4 = 6
6 − 5 = 1	7 − 5 = 2	8 − 5 = 3	9 − 5 = 4	10 − 5 = 5
	7 − 6 = 1	8 − 6 = 2	9 − 6 = 3	10 − 6 = 4
		8 − 7 = 1	9 − 7 = 2	10 − 7 = 3
			9 − 8 = 1	10 − 8 = 2
				10 − 9 = 1

7단은 7에서 1, 2, 3, 4, 5, 6을 빼서 7−1=6, 7−2=5, 7−3=4, 7−4=3, 7−5=2, 7−6=1임을 안다. 8단은 8에서 1, 2, 3, 4, 5, 6, 7을 빼서 8−1=7, 8−2=6, 8−3=5, 8−4=4, 8−5=3, 8−6=2, 8−7=1임을 안다.

9단은 9에서 1, 2, 3, 4, 5, 6, 7, 8을 빼서 9−1=8, 9−2=7, 9−3=6, 9−4=5, 9−5=4, 9−6=3, 9−7=2, 9−8=1임을 안다. 10단은 10에서 1, 2, 3, 4, 5, 6, 7, 8, 9를 빼서 10−1=9, 10−2=8, 10−3=7, 10−4=6, 10−5=5, 10−6=4, 10−7=3, 10−8=2, 10−9=1임

을 안다.

수리샘의 뺄셈 10단만 익히면 아이들은 뺄셈의 원리를 쉽고 빠르고 정확하게 익힐 수 있다. 뺄셈 10단의 원리만 알면 머리셈으로 뺄셈 암산이 되어 정확하고 빠른 셈을 할 수 있기 때문이다.

뺄셈 10단 정리도 놀이 활동을 통해 익히면 아이들은 수학을 두려워하지 않고 재미있는 게임이라고 생각하며 셈을 배우는 즐거움을 누릴 수 있다.

블록으로 큰 수 읽기

100까지 수를 한번 읽어볼까

큰 수를 읽을 때는 부피를 크게 차지하지 않는 10에그블록부터 읽도록 시킨다. 10에그블록이 1개면 10, 2개면 20, 3개면 30, 이런 식으로 10에그블록이 10개면 100이 됨을 알게 한다.

십의 자리는 에그블록으로, 일의 자리는 블록으로 하면 훨씬 수를 쉽고 편하게 읽을 수 있다. 그래서 1에서 20까지는 블록으로, 21부터는 10에그블록 2개에 블록을 활용해 일의 자리를 읽히면 100까지의 수도 아이들은 쉽게 익힌다.

11	12	13
		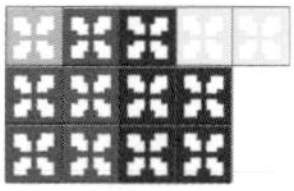
14	15	16
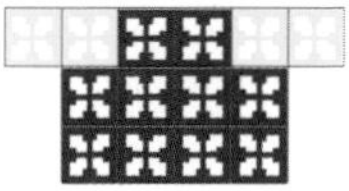	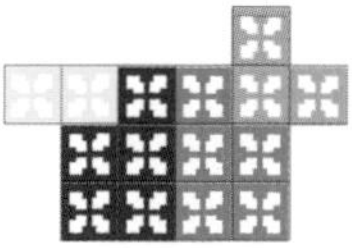	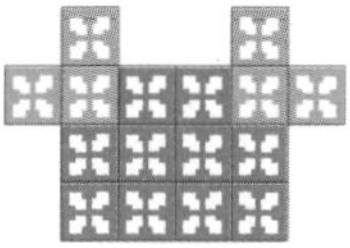
17	18	19
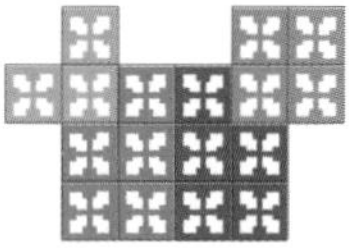		
20	21	22
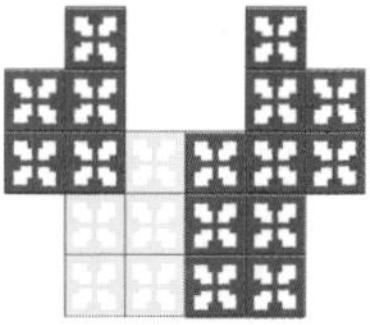	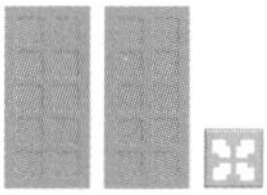	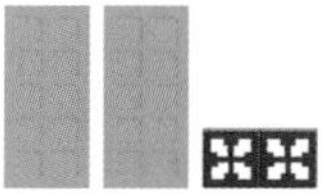
23	24	25
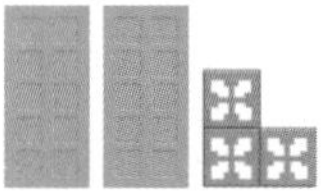	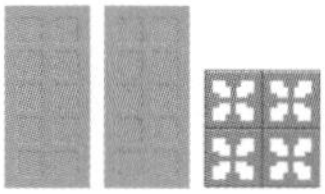	
26	27	28
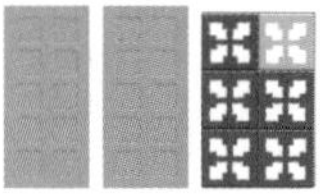	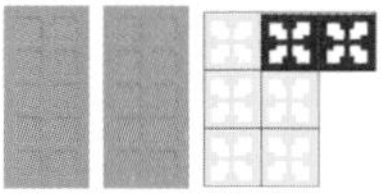	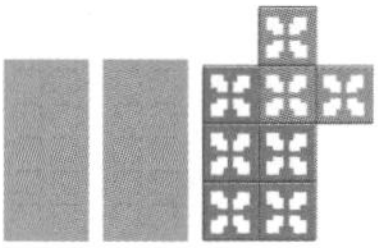
29	30	
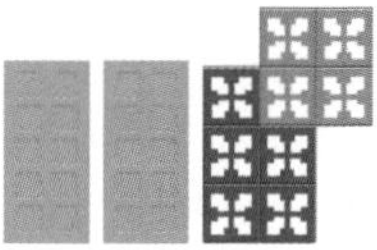	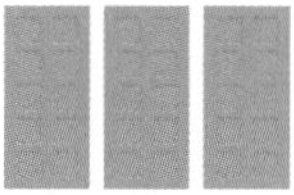	

2장

아이와 함께하는 덧셈 10단

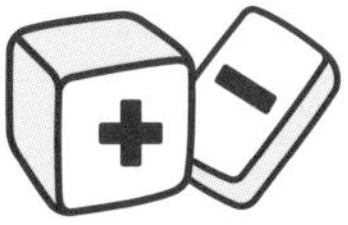

년 월 일

DAY-1 덧셈 1단

2, 3, 4 만들기

	1	2	3	4	
1+1	1	1			= 2
1+2	1		2		= 3
1+3	1			3	= 4
2+2		2		2	= 4

블록으로 만들기

준비물: 1블록 4개, 2블록 3개, 3블록 1개

1. 블록으로 2 만들기

1블록에 다른 색 1블록 1개를 끼운다. 아이에게 블록의 개수 1, 1을 차례로 말하게 하고, 블록의 개수를 합한 수 2를 말하게 한다.

2. 블록으로 3 만들기

1블록에 다른 색 2블록을 ㄴ자가 되도록 끼운다. 아이에게 블록의 개수 1, 2를 차례로 말하게 하고 블록의 개수를 합한 수 3을 말하게 한다. 처음 블록의 개수와 이를 합한 블록 수, 최종 합이 된 블록의 수 1, 2, 3을 차례대로 말하고 아이에게 따라 말하게 한다.

3. 블록으로 4 만들기

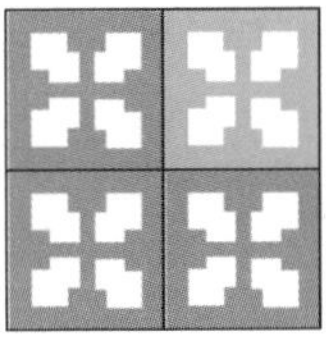

① 하나의 1블록에 다른 색 3블록을 네모 모양이 되도록 끼운다. 아이에게 블록의 개수 1, 3을 차례로 말하게 하고 블록의 개수를 합한 수 4를 말하게 한다.

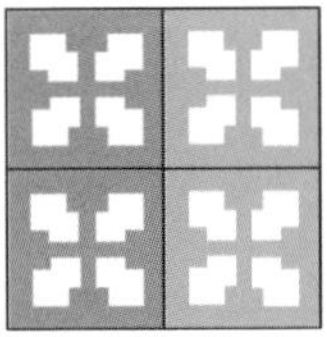

② 2블록에 다른 색 2블록을 네모 모양이 되도록 끼운다. 아이에게 블록의 개수 2, 2를 차례로 말하게 하고 블록의 개수를 합한 수 4를 말하게 한다.

①과 ②로 4가 되는 방법 1, 3, 4 / 2, 2, 4를 한 번 더 반복해서 말하게 한다.

에그블록으로 만들기

준비물: 1에그블록 4개, 2에그블록 3개, 3에그블록 1개

1. 에그블록으로 2 만들기

1에그블록 2개를 그림과 같이 붙여놓는다. 엄마는 에그블록의 개수 1, 1을 차례로 말하고 개수의 합인 2를 말한다. 그다음 아이에게 따라 말하게 한다.

2. 에그블록으로 3 만들기

1에그블록 1개와 2에그블록 1개를 그림과 같이 붙여놓는다. 아이에게 에그블록의 개수 1, 2를 차례로 말하게 하고 개수의 합인 3을 말하게 한다. 엄마는 에그블록의 개수와 이를 합한 수 1, 2, 3을 차례대로 말하고 아이에게 따라 말하게 한다.

3. 에그블록으로 4 만들기

① 1에그블록 1개와 3에그블록 1개를 그림과 같이 붙여놓는다. 아이에게 에그블록의 개수 1, 3을 차례로 말하게 하고 개수의 합인 4를 말하게 한다.

② 2에그블록 2개를 그림과 같이 붙여놓는다. 아이에게 에그블록의 개수 2, 2를 차례로 말하게 하고 개수의 합인 4를 말하게 한다.

①과 ②로 4가 되는 방법 1, 3, 4 / 2, 2, 4를 한 번

더 반복해서 말하게 한다.

주사위로 만들기

준비물: 1주사위 2개, 2주사위 2개, 3주사위 1개

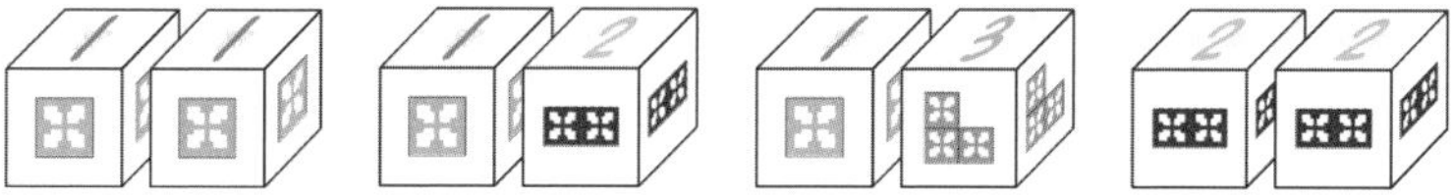

1. 1주사위를 고정하고 1, 2, 3주사위를 번갈아 가며 던진다. 아이에게 두 주사위의 합 2, 3, 4를 말하게 한다.
2. 2주사위를 고정하고 1, 2주사위를 번갈아 가며 던진다. 마찬가지로 아이에게 두 주사위의 합 3, 4를 말하게 한다.
3. 5개의 주사위를 다 던진 후 1주사위와 1주사위를 묶고 아이에게 '1, 1, 2(1+1=2라는 의미)'라고 말하게 한다. 같은 방법으로 1주사위와 2주사위를 묶어 '1, 2, 3'을 말하게 하고, 1주사위와 3주사위를 묶어 '1, 3, 4'를, 2주사위와 2주사위를 묶어 아이에게 2, 2, 4를 말하게 한다.
4. 주사위 5개를 다 던진 후 아이에게 수를 만들어보라고 한다. 만약 2를 만들라고 하면 아이는 주사위의 합이 2가 되는 2개의 주사위를 고르면 된다(1주사위와 1주사위 조합). 그 뒤 차례대로 3, 4를 만들라고 한다. 아이는 합이 3이 되는 2개의 주사위를 고르고 마찬가지로 4가 되는 2개의 주사위(1주사위, 3주사위 / 2주사위 2개)를 고르면 된다.

아이와 함께 블록으로 덧셈 1단 해보기

빈칸을 색칠하면서 1, 1, 2 / 1, 2, 3 / 1, 3, 4 / 2, 2, 4를 말하며 1단을 복습한다. 뒷면에 있는 블록을 잘라 직접 만들기도 해본다.

1+1 =	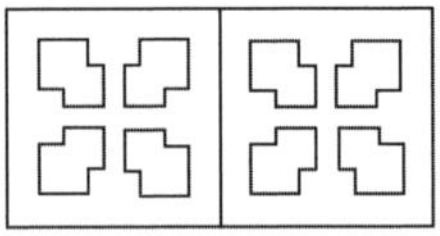
1+2 =	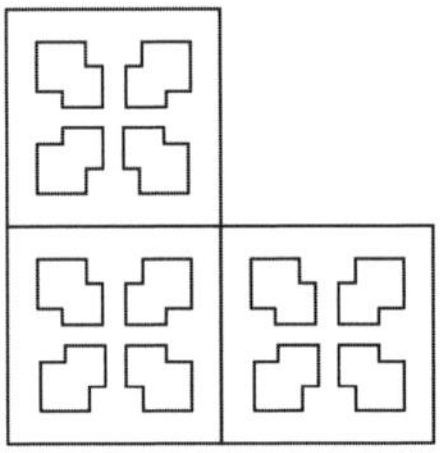
1+3 =	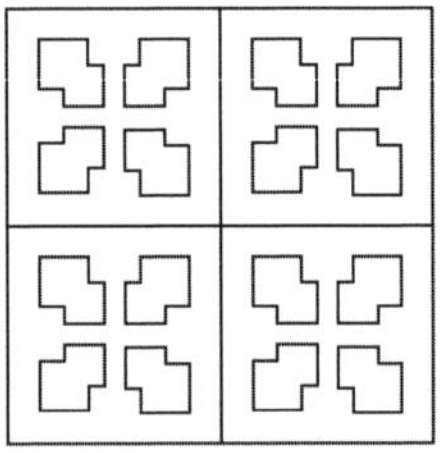
2+2 =	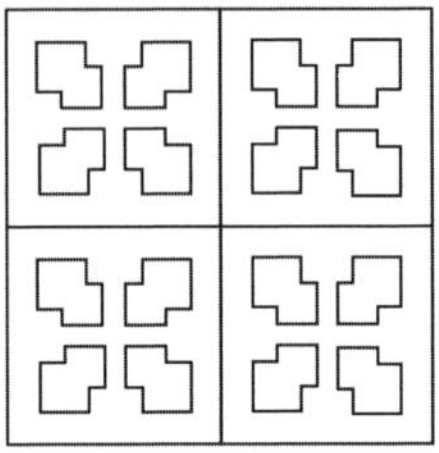

아이와 함께 에그블록으로 덧셈 1단 해보기

빈칸을 색칠하면서 1단을 한 번 더 복습한다. 뒷면에 있는 에그블록을 잘라 직접 만들기도 해본다.

1+1 =	
1+2 =	
1+3 =	
2+2 =	

년 월 일

DAY-2 덧셈 2단

작은 동수 더하기

	1	2	3	4	5	6	7	8	9	10	
1+1	1	1									= 2
2+2		2		2							= 4
3+3			3			3					= 6
4+4				4				4			= 8
5+5					5					5	= 10

블록으로 만들기

준비물: 1블록 2개, 2블록 2개, 3블록 2개, 4블록 2개, 5블록 2개

1. 1블록 2개로 2 만들기

1블록에 다른 색 1블록 1개를 끼운다. 아이에게 블록의 개수 1, 1을 차례로 말하게 하고, 블록의 개수를 합한 수 2를 말하게 한다.

2. 2블록 2개로 4 만들기

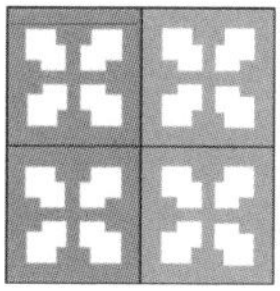

2블록에 다른 색 2블록을 네모 모양이 되도록 끼운다. 아이에게 블록의 개수 2, 2를 차례로 말하게 하고 블록의 개수를 합한 수 4를 말하게 한다.

3. 3블록 2개로 6 만들기

ㄴ자로 된 3블록에 다른 색 3블록을 끼운다. 아이에게 블록의 개수 3, 3을 차례로 말하게 하고 블록의 개수를 합한 수 6을 말하게 한다.

4. 4블록 2개로 8 만들기

4블록을 네모 모양, ㅗ자 모양으로 2개를 만든다. 4블록 2개를 끼운 후, 아이에게 블록의 개수 4, 4를 차례로 말하게 하고 블록의 개수를 합한 수 8을 말하게 한다.

5. 5블록 2개로 10 만들기

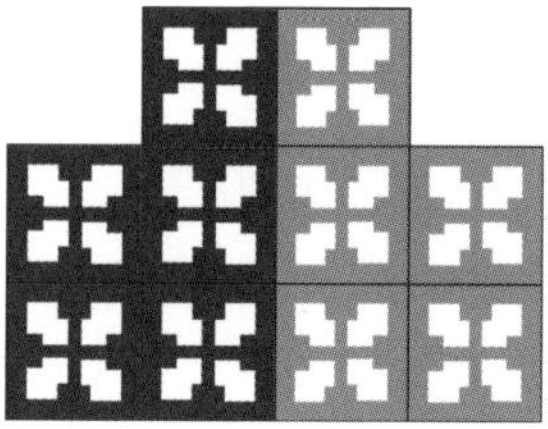

5블록 2개를 옆 그림과 같이 만들어 끼운 후, 아이에게 블록의 개수 5, 5를 차례로 말하게 하고 블록의 개수를 합한 수 10을 말하게 한다.

에그블록으로 만들기

준비물: 1에그블록 2개, 2에그블록 2개, 3에그블록 2개, 4에그블록 2개, 5에그블록 2개

1. 1에그블록 2개로 2 만들기

1에그블록 2개를 그림과 같이 붙여놓는다. 엄마는 에그블록의 개수 1, 1을 차례로 말하고 개수의 합인 2를 말한다. 그다음 아이에게 따라 말하게 한다.

2. 2에그블록 2개로 4 만들기

2에그블록 2개를 그림과 같이 붙여놓는다. 엄마는 에그블록의 개수 2, 2를 차례로 말하고 개수의 합인 4를 말한다. 그다음 아이에게 따라 말하게 한다.

3. 3에그블록 2개로 6 만들기

3에그블록 2개를 그림과 같이 붙여놓는다. 엄마는 에그블록의 개수 3, 3을 차례로 말하고 개수의 합인 6을 말한다. 그다음 아이에게 따라 말하게 한다.

4. 4에그블록 2개로 8 만들기

4에그블록 2개를 그림과 같이 붙여놓는다. 엄마는 에그블록의 개수 4, 4를 차례로 말하고 개수의 합인 8을 말한다. 그다음 아이에게 따라 말하게 한다.

5. 5에그블록 2개로 10 만들기

5에그블록 2개를 그림과 같이 붙여놓는다. 엄마는 에그블록의 개수 5, 5를 차례로 말하고 개수의 합인 10을 말한다. 그다음 아이에게 따라 말하게 한다.

주사위로 만들기

준비물: 1주사위 2개, 2주사위 2개, 3주사위 2개, 4주사위 2개, 5주사위 2개

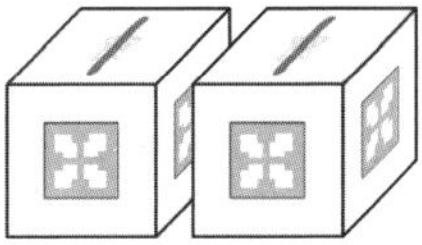

1. 엄마가 1주사위 2개를 던진 후 아이에게 주사위의 합인 2를 말하게 한다. 아이도 던지게 한 후 엄마가 주사위의 합인 2를 말한다.

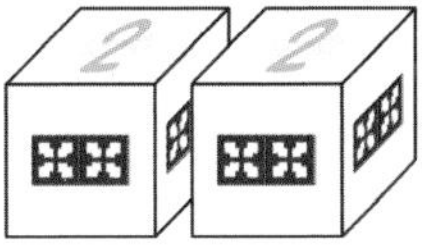

2. 2주사위 2개를 던진 후 아이에게 주사위의 합인 4를 말하게 한다. 아이도 던지게 한 후 엄마가 주사위의 합인 4를 말한다.

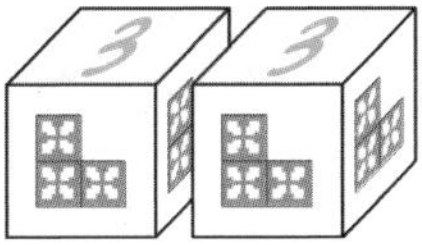

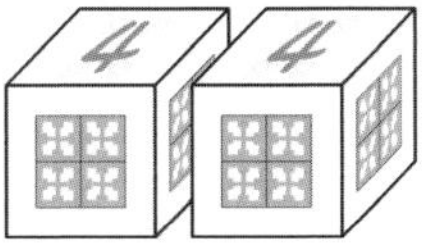

3. 3주사위 2개를 던진 후 아이에게 주사위의 합인 6을 말하게 한다. 아이도 던지게 한 후 엄마가 주사위의 합인 6을 말한다. 이후 4주사위, 5주사위도 동일하게 진행해 각각 8과 10을 만들어본다.

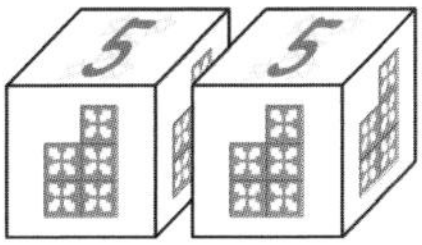

4. 주사위 10개를 다 던진 후 아이에게 2, 4, 6, 8, 10을 만들어보라고 한다. 아이는 주사위를 2개씩 묶어 2, 4, 6, 8, 10을 만든다.

아이와 함께 블록으로 덧셈 2단 해보기

빈칸을 색칠하면서 1, 1, 2 / 2, 2, 4 / 3, 3, 6 / 4, 4, 8 / 5, 5, 10을 말하며 2단을 복습한다. 뒷면에 있는 블록을 잘라 직접 만들기도 해본다.

1+1 =	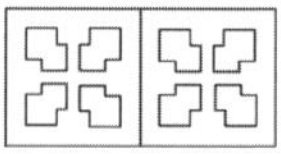
2+2 =	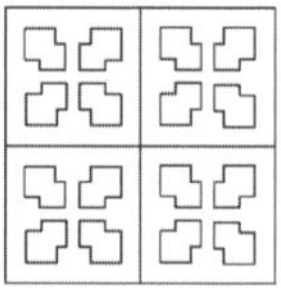
3+3 =	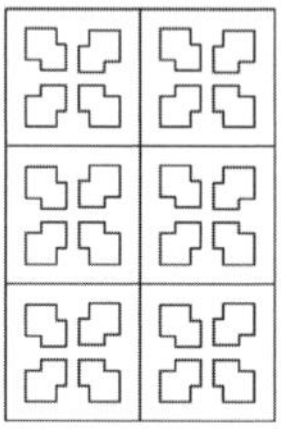
4+4 =	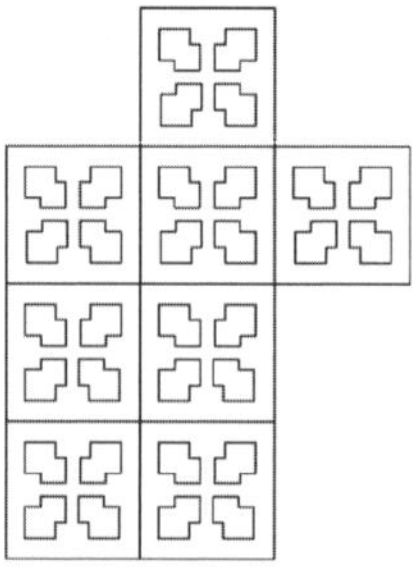
5+5 =	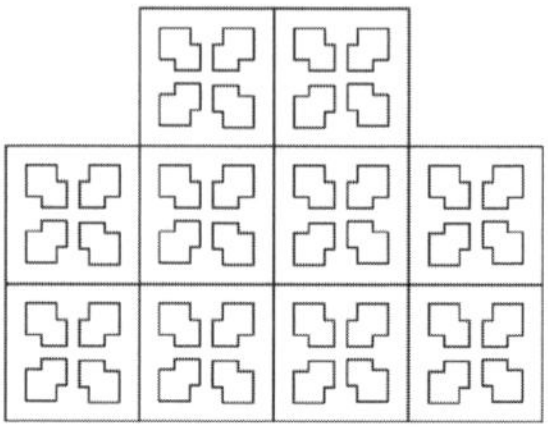

아이와 함께 에그블록으로 덧셈 2단 해보기

빈칸을 색칠하면서 2단을 한 번 더 복습한다. 뒷면에 있는 에그블록을 잘라 직접 만들기도 해본다.

1+1 =	
2+2 =	
3+3 =	
4+4 =	
5+5 =	

년 월 일

DAY-3

덧셈 3단

5 대장수에서 1, 2, 3, 4, 5 더하기

	1	2	3	4	5	6	7	8	9	10	
5+1					5	1					= 6
5+2					5		2				= 7
5+3					5			3			= 8
5+4					5				4		= 9
5+5					5					5	= 10

블록으로 만들기

준비물: 1블록 1개, 2블록 1개, 3블록 1개, 4블록 1개, 5블록 6개

1. 5블록에 1블록을 끼워 6블록 만들기

5블록에 다른 색 1블록 1개를 끼운다. 아이에게 블록의 개수 5, 1을 차례로 말하게 하고, 블록의 개수를 합한 수 6을 말하게 한다.

2. 5블록에 2블록을 끼워 7블록 만들기

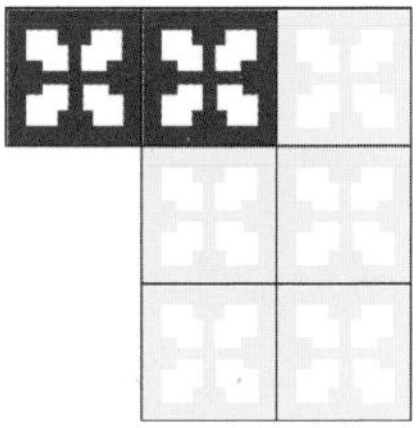

5블록에 다른 색 2블록 1개를 끼운다. 아이에게 블록의 개수 5, 2를 차례로 말하게 하고, 블록의 개수를 합한 수 7을 말하게 한다.

3. 5블록에 3블록을 끼워 8블록 만들기

5블록에 다른 색 3블록 1개를 끼운다. 아이에게 블록의 개수 5, 3을 차례로 말하게 하고, 블록의 개수를 합한 수 8을 말하게 한다.

4. 5블록에 4블록을 끼워 9블록 만들기

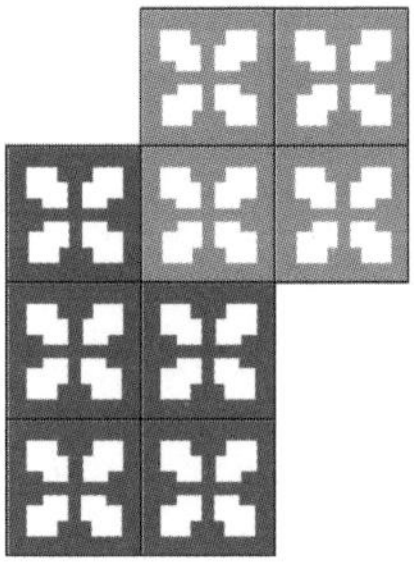

5블록에 다른 색 4블록 1개를 끼운다. 아이에게 블록의 개수 5, 4를 차례로 말하게 하고, 블록의 개수를 합한 수 9를 말하게 한다.

5. 5블록에 5블록을 끼워 10블록 만들기

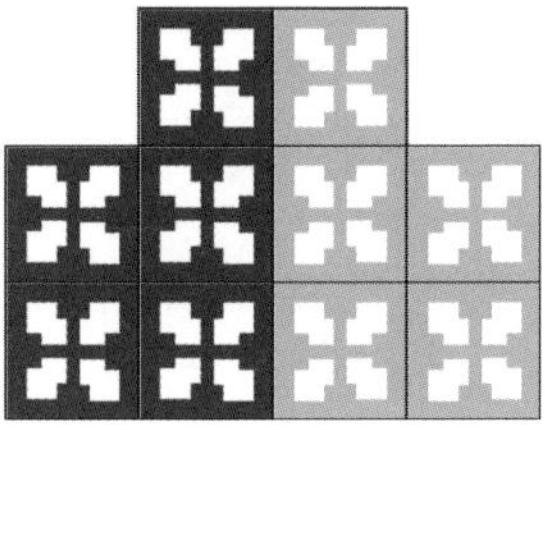

다른 색의 5블록 2개를 끼운다. 아이에게 블록의 개수 5, 5를 차례로 말하게 하고, 블록의 개수를 합한 수 10을 말하게 한다.

에그블록으로 만들기

준비물: 1에그블록 1개, 2에그블록 1개, 3에그블록 1개, 4에그블록 1개, 5에그블록 6개

1. 5에그블록과 1에그블록으로 6 만들기

5에그블록과 1에그블록을 그림과 같이 붙여놓는다. 엄마는 에그블록의 개수 5, 1을 차례로 말하고 개수의 합인 6을 말한다. 그다음 아이에게 따라 말하게 한다.

2. 5에그블록과 2에그블록으로 7 만들기

5에그블록과 2에그블록을 그림과 같이 붙여놓는다. 엄마는 에그블록의 개수 5, 2를 차례로 말하고 개수의 합인 7을 말한다. 그다음 아이에게 따라 말하게 한다.

3. 5에그블록과 3에그블록으로 8 만들기

5에그블록과 3에그블록을 그림과 같이 붙여놓는다. 엄마는 에그블록의 개수 5, 3을 차례로 말하고 개수의 합인 8을 말한다. 그다음 아이에게 따라 말하게 한다.

4. 5에그블록과 4에그블록으로 9 만들기

5에그블록과 4에그블록을 그림과 같이 붙여놓는다. 엄마는 에그블록의 개수 5, 4를 차례로 말하고 개수의 합인 9를 말한다. 그다음 아이에게 따라 말하게 한다.

5. 5에그블록 2개로 10 만들기

5에그블록 2개를 그림과 같이 붙여놓는다. 엄마는 에그블록의 개수 5, 5를 차례로 말하고 개수의 합인 10을 말한다. 그다음 아이에게 따라 말하게 한다.

주사위로 만들기

준비물: 1주사위 1개, 2주사위 1개, 3주사위 1개, 4주사위 1개, 5주사위 2개

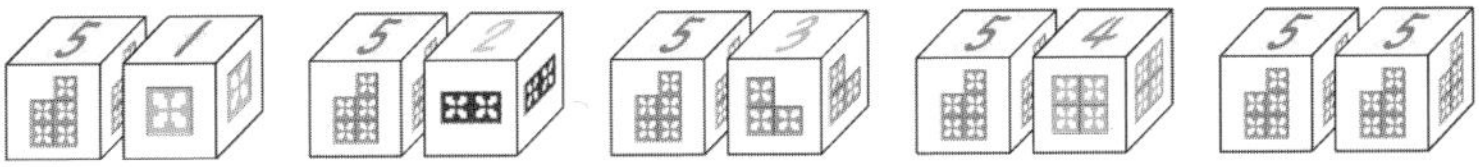

1. 엄마는 5주사위 1개와 1, 2, 3, 4, 5주사위를 던져서 나온 눈의 합을 말하게 한다(아이가 대답할 수 있는 수의 답은 6, 7, 8, 9, 10 중 하나다).
2. 엄마와 아이가 번갈아 가며 던져서 나온 눈의 수의 합을 번갈아 가며 말한다.
3. 엄마는 5주사위 1개와 함께 1, 2, 3, 4, 5주사위 중 하나를 선택해 던진다. 아이가 2개 주사위 눈의 합을 말하게 한다.

아이와 함께 블록으로 덧셈 3단 해보기

빈칸을 색칠하면서 5, 1, 6 / 5, 2, 7 / 5, 3, 8 / 5, 4, 9 / 5, 5, 10을 말하며 3단을 복습한다. 뒷면에 있는 블록을 잘라 직접 만들기도 해본다.

5+1 =	
5+2 =	
5+3 =	
5+4 =	
5+5 =	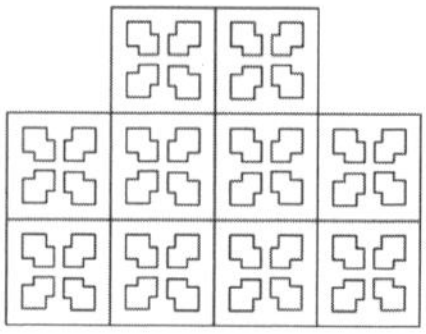

아이와 함께 에그블록으로 덧셈 3단 해보기

빈칸을 색칠하면서 3단을 한 번 더 복습한다. 뒷면에 있는 에그블록을 잘라 직접 만들기도 해본다.

5+1 =	
5+2 =	
5+3 =	
5+4 =	
5+5 =	

년 월 일

DAY-4 덧셈 4단

큰 동수 더하기

	1	2	3	4	5	6	7	8	9	10	11	12	13	14	15	16	17	18	19	20	
6+6						6						6									= 12
7+7							7							7							= 14
8+8								8								8					= 16
9+9									9									9			= 18
10+10										10										10	= 20

블록으로 만들기

준비물: 1블록 2개, 2블록 2개, 3블록 2개, 4블록 2개, 5블록 12개

1. 블록으로 6+6=12 만들기

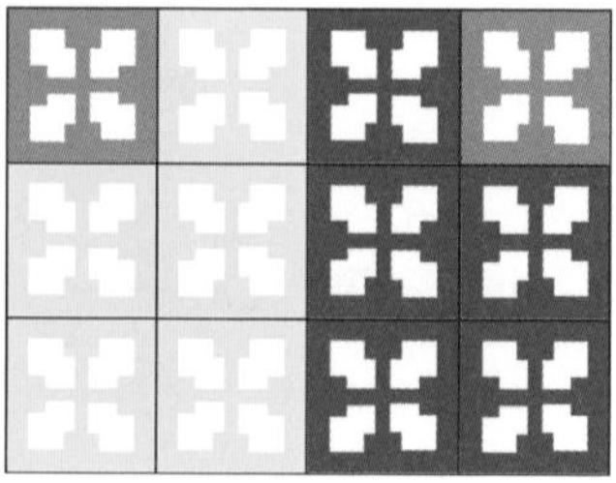

6블록 1개와 다른 색의 6블록 1개를 끼워 5, 1, 6(5+1=6의 의미), 5, 1, 6을 차례로 말하게 하고, 5 대장수와 나머지 수를 분리해 5, 5, 10(5+5=10),

1, 1, 2(1+1=2)를 말한 뒤 이를 더한 12를 말하게 한다. 이때 블록은 5 대장수를 기준으로 색깔별로 구분이 되므로 아이들은 쉽게 이미지만으로도 연산을 할 수 있게 된다.

2. 블록으로 7+7=14 만들기

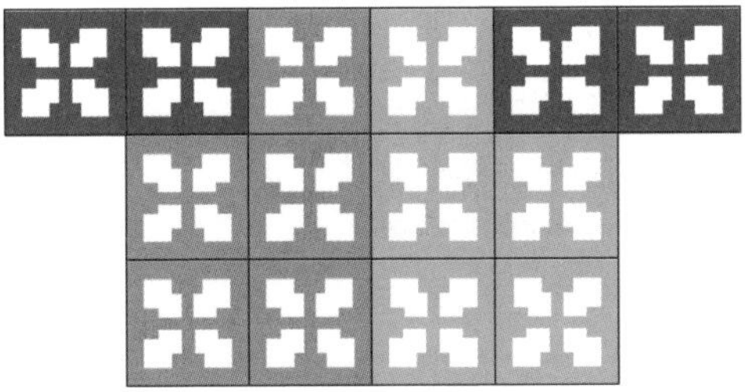

7블록 1개와 다른 색의 7블록 1개를 끼워 5, 2, 7, 5, 2, 7을 차례로 말하고, 이어 5, 5, 10, 2, 2, 4를 말한 뒤 '10, 4는 14'로 답을 말하게 한다.

3. 블록으로 8+8=16 만들기

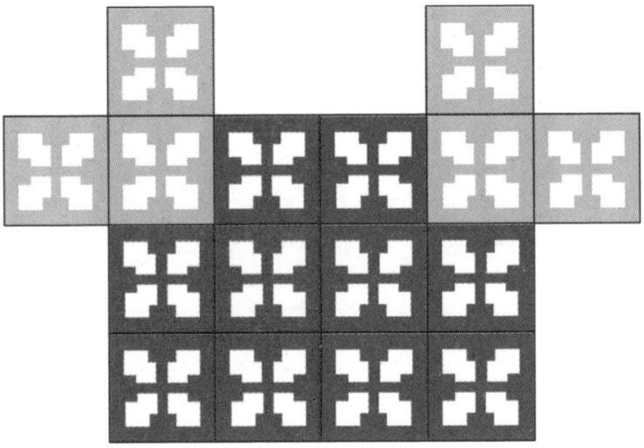

8블록 1개와 다른 색의 8블록 1개를 끼워 5, 3, 8, 5, 3, 8을 차례로 말하고 이어 5, 5, 10, 3, 3, 6을 말한 뒤 10, 6은 16을 말하게 한다.

4. 블록으로 9+9=18 만들기

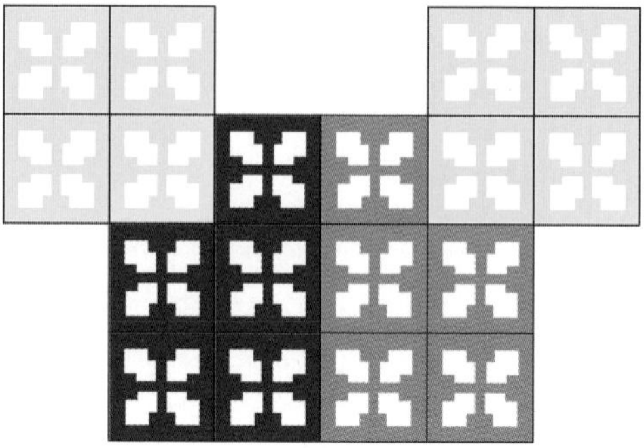

9블록 1개와 다른 색의 9블록 1개를 끼워 5, 4, 9, 5, 4, 9를 차례로 말하고 5, 5, 10, 4, 4, 8을 말한 뒤 10, 8은 18을 말하게 한다.

5. 블록으로 10+10=20 만들기

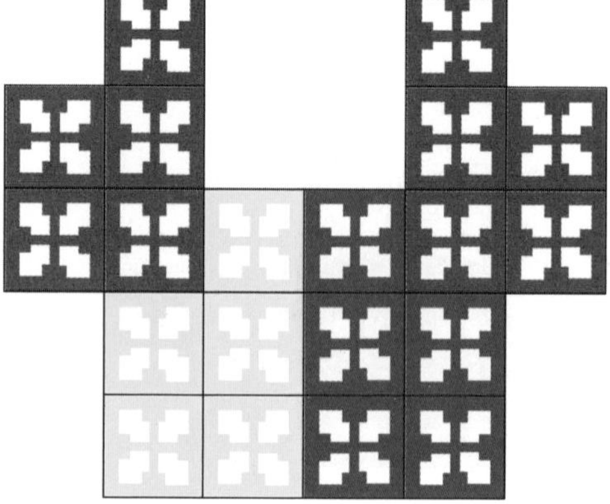

10블록 1개와 다른 색의 10블록 1개를 끼워 5, 5, 10, 5, 5, 10을 차례로 말하고 10, 10은 20을 말하게 한다.

에그블록으로 만들기

준비물: 6에그블록 2개, 7에그블록 2개, 8에그블록 2개, 9에그블록 2개, 10에그블록 2개

1. 에그블록으로 6+6=12 만들기

6에그블록 2개를 그림과 같이 붙여 5 대장수끼리 더한 5, 5, 10을 말하게 한 뒤 6칸의 1, 1을 더해 1, 1, 2를 차례로 말하고 총 블록의 개수 10, 2는 12를 말하게 한다.

2. 에그블록으로 7+7=14 만들기

7에그블록 2개를 그림과 같이 붙여 5 대장수끼리 더한 5, 5, 10을 말하게 한 뒤 7칸의 2, 2를 더해 2, 2, 4를 차례로 말하고 총 블록의 개수 10, 4는 14를 말하게 한다.

3. 에그블록으로 8+8=16 만들기

8에그블록 2개를 그림과 같이 붙여 5 대장수끼리 더한 5, 5, 10을 말하게 한 뒤 8칸의 3, 3을 더해 3, 3, 6을 차례로 말하고 총 블록의 개수 10, 6은 16을

말하게 한다.

4. 에그블록으로 9+9=18 만들기

9에그블록 2개를 그림과 같이 붙여 5 대장수끼리 더한 5, 5, 10을 말하게 한 뒤 9칸의 4, 4를 더해 4, 4, 8을 차례로 말하고 총 블록의 개수 10, 8은 18을 말하게 한다.

5. 에그블록으로 10+10=20 만들기

10에그블록 2개를 그림과 같이 붙여 5 대장수끼리 더한 5, 5, 10을 말하게 한 뒤 10칸의 5, 5를 더해 5, 5, 10이라고 차례로 말하고 총 블록의 개수 10, 10은 20을 말하게 한다.

주사위로 만들기

준비물: 1주사위 2개, 2주사위 2개, 3주사위 2개, 4주사위 2개, 5주사위 4개

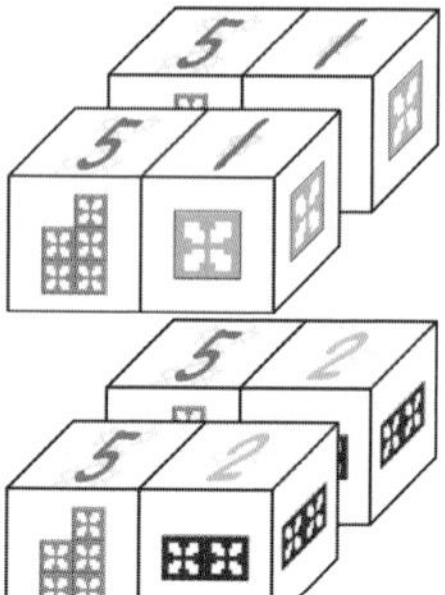

1. 엄마는 5와 1주사위 2세트를 던지고 5, 5, 10, 1, 1, 2를 차례로 말한 뒤 10, 2는 12를 말하게 한다. 그다음 아이와 역할을 바꾸어 해본다(이하 역할 바꾸어 연습하기는 동일하다).
2. 엄마는 5와 1주사위 2세트를 던지고 5, 5,

10, 2, 2, 4를 말한 뒤 10, 4는 14를 말하게 한다.

3. 엄마는 5와 3주사위 2세트를 던지고 5, 5, 10, 3, 3, 6을 말한 뒤 10, 6은 16을 말하게 한다.

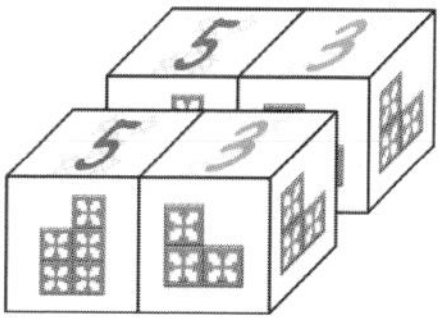

4. 엄마는 5와 4주사위 2세트를 던지고 5, 5, 10, 4, 4, 8을 말한 뒤 10, 8은 18을 말하게 한다.

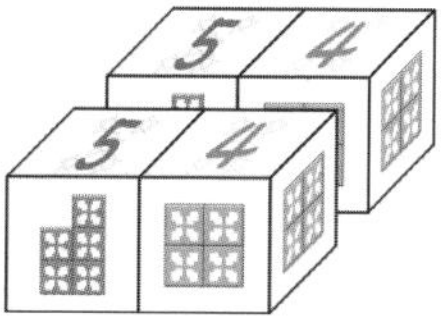

5. 엄마는 5주사위 4세트를 던지고 5, 5, 10, 5, 5, 10을 말한 뒤 10, 10은 20을 말하게 한다.

아이와 함께 블록으로 덧셈 4단 해보기

빈칸을 색칠하면서 아이와 함께 숫자를 말하며 4단을 복습한다. 뒷면에 있는 블록을 잘라 직접 만들기도 해본다.

6+6 =	
7+7 =	
8+8 =	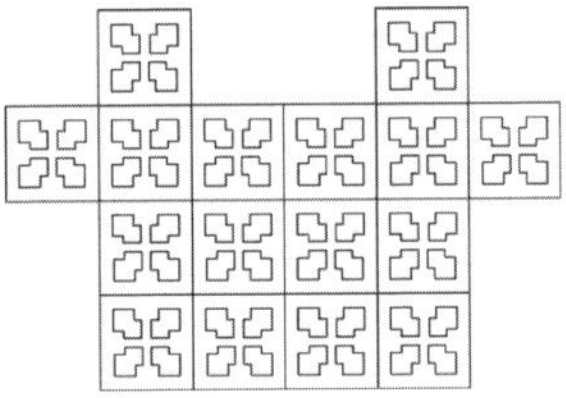
9+9 =	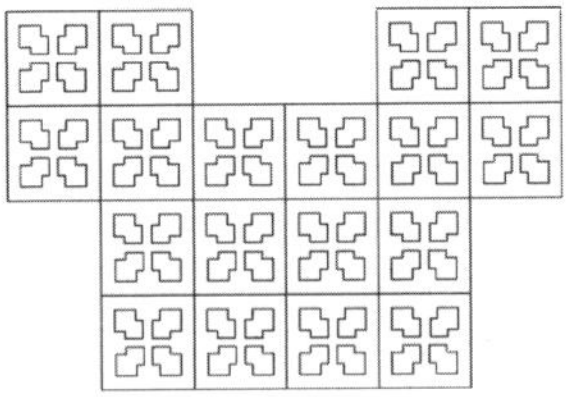
10+10 =	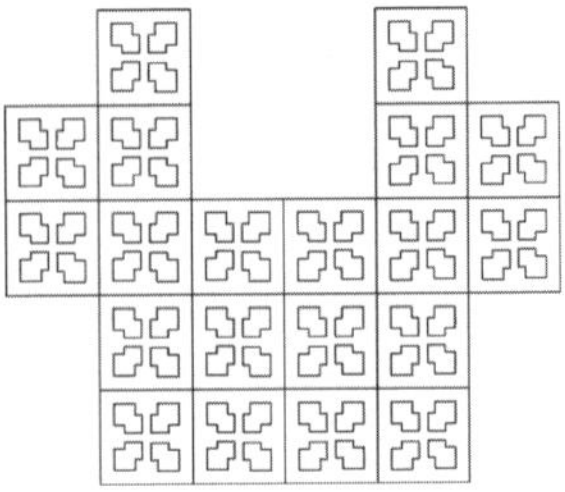

아이와 함께 에그블록으로 덧셈 4단 해보기

빈칸을 색칠하면서 4단을 한 번 더 복습한다. 뒷면에 있는 에그블록을 잘라 직접 만들기도 해본다.

6+6 =	
7+7 =	
8+8 =	
9+9 =	
10+10 =	

년 월 일

DAY-5 덧셈 5단

5 만들기

	1	2	3	4	5	
1+4	1				4	= 5
2+3		2			3	= 5
3+2			3		2	= 5
4+1				4	1	= 5

블록으로 만들기

준비물: 1블록 1개, 2블록 1개, 3블록 1개, 4블록 1개

1. 1+4=5, 4+1=5가 되는 블록 만들기

1블록 1개와 다른 색의 4블록 1개를 끼워 블록의 개수 1, 4를 차례로 말하고 블록의 개수를 더한 5를 말하게 한다.
만든 블록을 뒤집은 뒤 블록의 개수 4, 1을 차례로 말하고 블록의 개수를 더한 5를 말하게 한다(1, 4, 5과 4, 1, 5를 반복적으로 말하게 하며 블록의 모양을 수와 연결해 연상시킨다).

2. 2+3=5, 3+2=5가 되는 블록 만들기

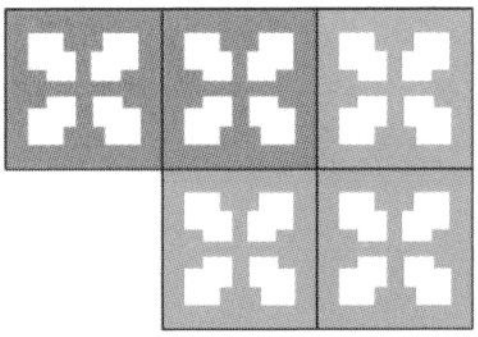

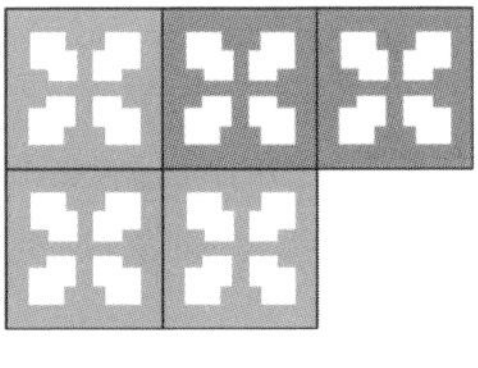

2블록 1개와 다른 색의 3블록 1개를 끼워 블록의 개수 2, 3을 차례로 말하고 블록의 개수를 더한 5를 말하게 한다.
만든 블록을 뒤집은 뒤 블록의 개수 3, 2를 차례로 말하고 블록의 개수를 더한 5를 말하게 한다(2, 3, 5과 3, 2, 5를 반복적으로 말하게 하며 블록의 모양을 수와 연결해 연상시킨다).

에그블록으로 만들기

준비물: 1에그블록 1개, 2에그블록 1개, 3에그블록 1개, 4에그블록 1개

1. 1+4=5, 4+1=5가 되는 에그블록 만들기

1에그블록과 4에그블록을 다음 페이지 그림과 같이 붙여 1, 4, 5를 말

하게 한다. 에그블록판을 뒤집어 4, 1, 5를 말하게 한다(반복적으로 1+4=5, 4+1=5가 됨을 에그블록을 끼우며 말하게 한다).

2. 2+3=5, 3+2=5가 되는 에그블록 만들기

2에그블록과 3에그블록을 그림과 같이 붙여 2, 3, 5를 말하게 한다. 에그블록판을 뒤집어 3, 2, 5를 말하게 한다(반복적으로 2+3=5, 3+2=5가 됨을 에그블록을 끼우며 말하게 한다).

주사위로 만들기

준비물: 1주사위 2개, 2주사위 2개, 3주사위 2개, 4주사위 2개

1. 엄마는 1주사위와 4주사위를 던진 후 아이에게 주사위의 합 5를 말하게 한다.

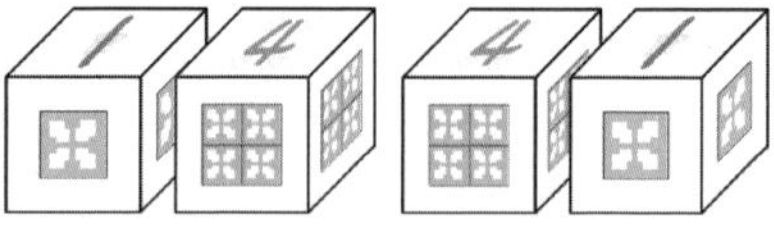

2. 엄마는 2주사위와 3주사위를 던진 후 아이에게 주사위의 합 5를 말하게 한다.

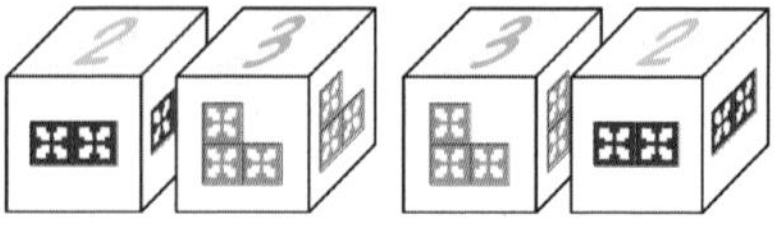

3. 엄마가 1, 2, 3, 4주사위 4개를 다 던진 후 5를 만들어보라고 말하

면 아이는 주사위의 합이 5가 되는 2개의 주사위를 고른다(아이가 고를 수 있는 주사위의 조합은 1, 4와 2, 3이다).

4. 엄마가 1, 2, 3, 4주사위 2세트 8개를 다 던진 후 5를 만들어보라고 말하면 아이는 주사위의 합이 5가 되는 2개의 주사위를 고른다(아이가 고를 수 있는 주사위의 조합은 1, 4와 2, 3과 3, 2와 4, 1이다).

아이와 함께 블록으로 덧셈 5단 해보기

빈칸을 색칠하면서 아이와 함께 숫자를 말하며 5단을 복습한다. 뒷면에 있는 블록을 잘라 직접 만들기도 해본다.

1+4 =	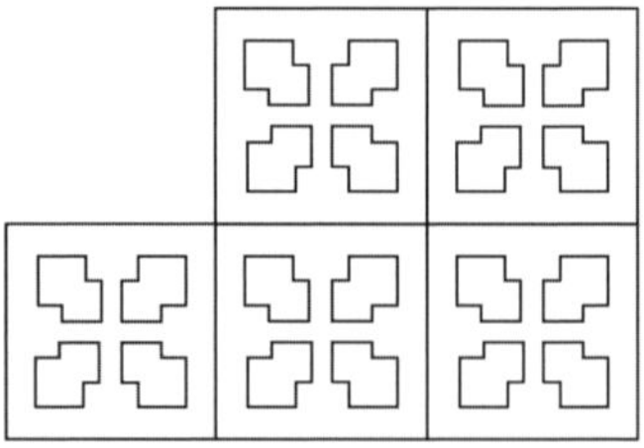
2+3 =	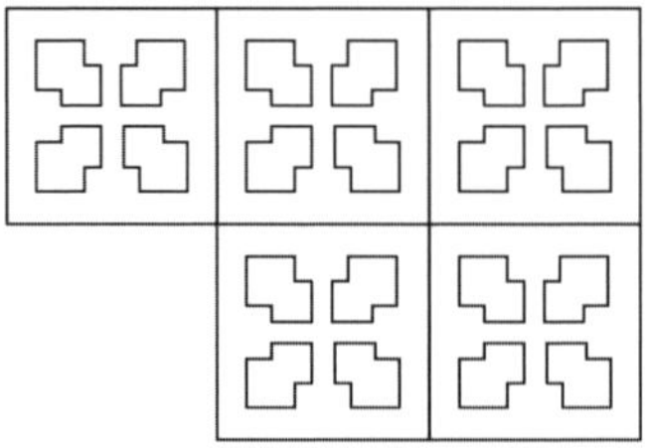
3+2 =	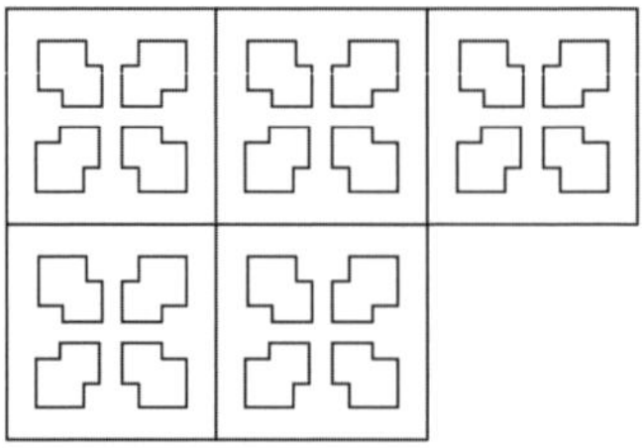
4+1 =	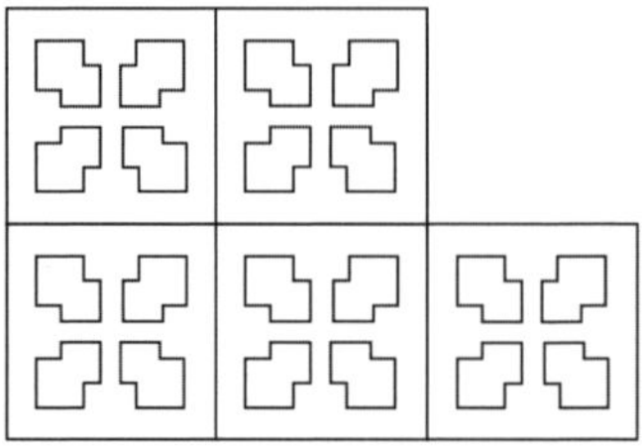

아이와 함께 에그블록으로 덧셈 5단 해보기

빈칸을 색칠하면서 5단을 한 번 더 복습한다. 뒷면에 있는 에그블록을 잘라 직접 만들기도 해본다.

1+4 =	
2+3 =	
3+2 =	
4+1 =	

년 월 일

DAY-6 덧셈 6단

6 만들기

	1	2	3	4	5	6	
1+5	1					5	=6
2+4		2				4	=6
3+3			3			3	=6
4+2				4		2	=6
5+1					5	1	=6

블록으로 만들기

준비물: 1블록 1개, 2블록 1개, 3블록 2개, 4블록 1개, 5블록 1개

1. 1+5=6, 5+1=6이 되는 블록 만들기

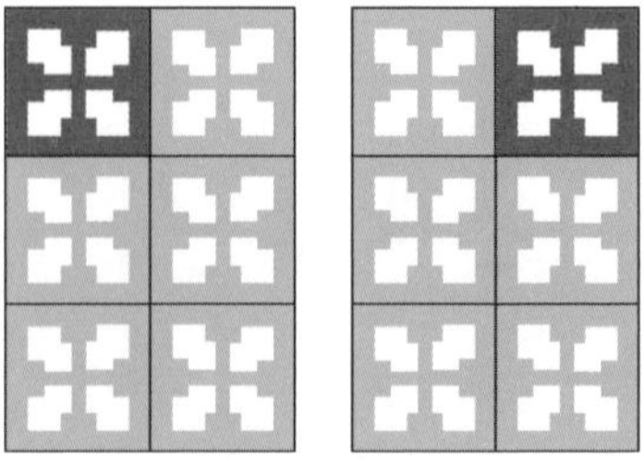

1블록 1개와 다른 색의 5블록 1개를 끼워 블록의 개수 1, 5를 차례로 말하고 블록의 개수를 더한 6을 말하게 한다. 만든 블록을 뒤집

은 뒤 블록의 개수 5, 1을 차례로 말하고 블록의 개수를 더한 6을 말하게 한다(1, 5, 6과 5, 1, 6을 반복적으로 말하게 하며 블록의 모양을 수와 연결해 연상시킨다).

2. 2+4=6, 4+2=6이 되는 블록 만들기

2블록 1개와 다른 색의 4블록 1개를 끼워 블록의 개수 2, 4를 차례로 말하고 블록의 개수를 더한 6을 말하게 한다. 만든 블록을 뒤집은 뒤 블록의 개수 4, 2를 차례로 말하고 블록의 개수를 더한 6을 말하게 한다(2, 4, 6과 4, 2, 6을 반복적으로 말하게 하며 블록의 모양을 수와 연결해 연상시킨다).

3. 3+3=6이 되는 블록 만들기

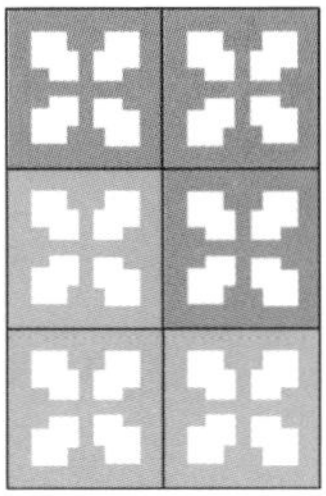

3블록 1개와 다른 색의 3블록 1개를 끼워 블록의 개수 3, 3을 차례로 말하고 블록의 개수를 더한 6을 말하게 한다(3, 3, 6을 반복적으로 말하게 하며 블록의 모양을 수와 연결해 연상시킨다).

에그블록으로 만들기

준비물: 1에그블록 1개, 2에그블록 1개, 3에그블록 2개, 4에그블록 1개, 5에그블록 1개

1. 1+5=6, 5+1=6이 되는 에그블록 만들기

1에그블록과 5에그블록을 그림과 같이 붙여 1, 5, 6을 말하게 한다. 에그블록판을 뒤집어 5, 1, 6을 말하게 한다(반복적으로 1+5=6, 5+1=6이 됨을 에그블록을 끼우며 말하게 한다).

2. 2+4=6, 4+2=6이 되는 에그블록 만들기

2에그블록과 4에그블록을 그림과 같이 붙여 2, 4, 6을 말하게 한다. 에그블록판을 뒤집어 4, 2, 6을 말하게 한다(반복적으로 2+4=6, 4+2=6이 됨을 에그블록을 끼우며 말하게 한다).

3. 3+3=6이 되는 에그블록 만들기

3에그블록과 3에그블록을 그림과 같이 붙여 3, 3, 6을 말하게 한다(반복적으로 3+3=6이 됨을 에그블록을 끼우며 말하게 한다).

주사위로 만들기

준비물: 1주사위 2개, 2주사위 2개, 3주사위 2개, 4주사위 2개, 5주사위 2개

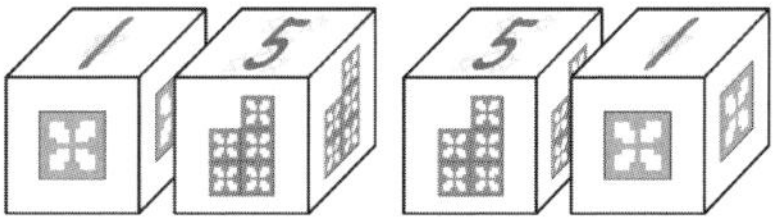

1. 엄마는 1주사위와 5주사위를 던진 후 아이에게 주사위의 합 6을 말하게 한다.

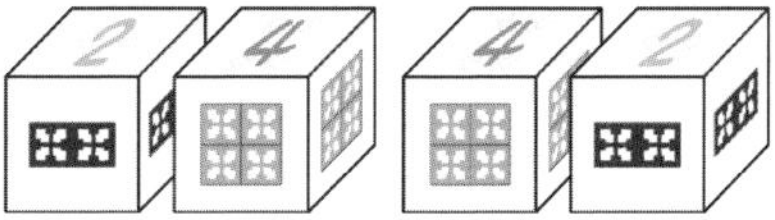

2. 엄마는 2주사위와 4주사위를 던진 후 아이에게 주사위의 합 6을 말하게 한다.

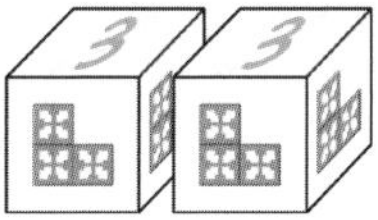

3. 엄마는 3주사위와 3주사위를 던진 후 아이에게 주사위의 합 6을 말하게 한다.
4. 엄마가 1, 2, 3, 3, 4, 5주사위 6개를 다 던진 후 6을 만들어보라고 말하면 아이는 주사위의 합이 6이 되는 2개의 주사위를 고른다(아이가 고를 수 있는 주사위의 조합은 1, 5와 2, 4와 3, 3이다).
5. 엄마가 주사위 1, 2, 3, 4, 5주사위 2세트 10개를 다 던진 후 6을 만들어보라고 말하면 아이는 주사위의 합이 6이 되는 2개의 주사위를 고른다(아이가 고를 수 있는 주사위의 조합은 1, 5와 2, 4와 3, 3과 4, 2와 5, 1이다).

아이와 함께 블록으로 덧셈 6단 해보기

빈칸을 색칠하면서 아이와 함께 숫자를 말하며 6단을 복습한다. 뒷면에 있는 블록을 잘라 직접 만들기도 해본다.

1+5 =	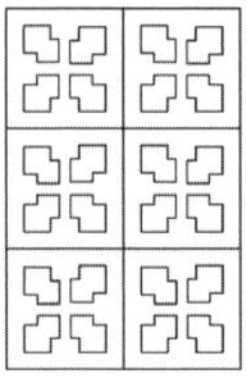
2+4 =	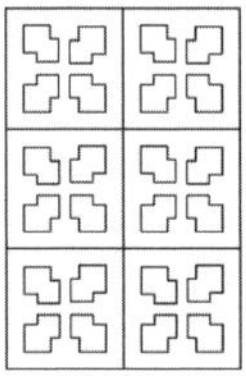
3+3 =	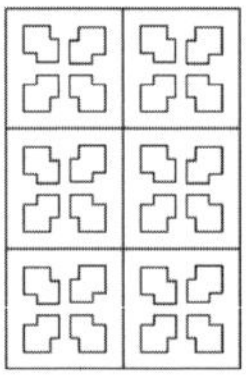
4+2 =	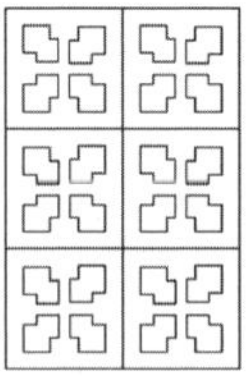
5+1 =	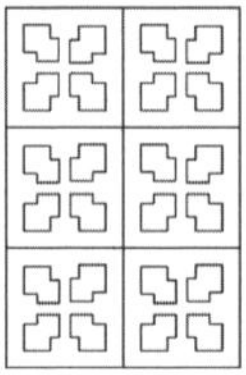

아이와 함께 에그블록으로 덧셈 6단 해보기

빈칸을 색칠하면서 6단을 한 번 더 복습한다. 뒷면에 있는 에그블록을 잘라 직접 만들기도 해본다.

1+5 =	
2+4 =	
3+3 =	
4+2 =	
5+1 =	

년 월 일

DAY-7

덧셈 7단

7 만들기

	1	2	3	4	5	6	7	
1+6	1						6	= 7
2+5		2					5	= 7
3+4			3				4	= 7
4+3				4			3	= 7
5+2					5		2	= 7
6+1						6	1	= 7

블록으로 만들기

준비물: 1블록 1개, 2블록 1개, 3블록 1개, 4블록 1개, 5블록 1개, 6블록 1개

1. 1+6=7, 6+1=7이 되는 블록 만들기

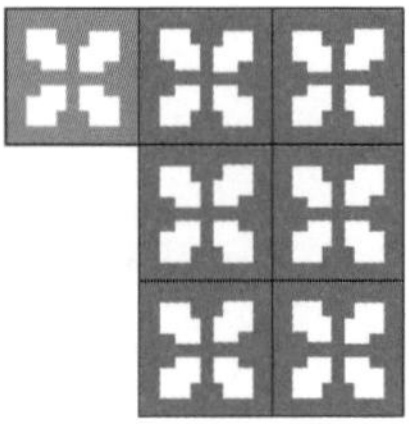

1블록 1개와 다른 색의 6블록 1개를 끼워 블록의 개수 1, 6을 차례로 말하고 블록의 개수를 더한 7을 말하게 한다.

만든 블록을 뒤집은 다음 블록의 개수 6, 1을 차

례로 말하고 블록의 개수를 더한 7을 말하게 한다(1, 6, 7과 6, 1, 7을 반복적으로 말하게 하며 블록의 모양을 수와 연결해 연상시킨다).

2. 2+5=7, 5+2=7이 되는 블록 만들기

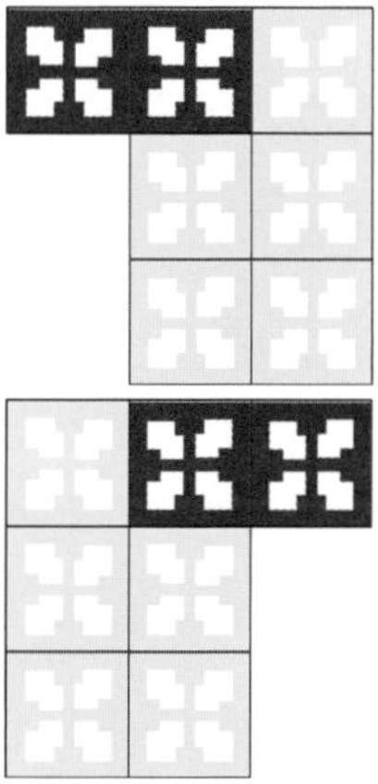

2블록 1개와 다른 색의 5블록 1개를 끼워 블록의 개수 2, 5를 차례로 말하고 블록의 개수를 더한 7을 말하게 한다.

만든 블록을 뒤집은 다음 블록의 개수 5, 2를 차례로 말하고 블록의 개수를 더한 7을 말하게 한다(2, 5, 7과 5, 2, 7을 반복적으로 말하게 하며 블록의 모양을 수와 연결해 연상시킨다).

3. 3+4=7, 4+3=7이 되는 블록 만들기

3블록 1개와 다른 색의 4블록 1개를 끼워 블록의 개수 3, 4를 차례로 말하고 블록의 개수를 더한 7을 말하게 한다.

만든 블록을 뒤집은 다음 블록의 개수 4, 3을 차례로 말하고 블록의 개수를 더한 7을 말하게 한다(3, 4, 7과 4, 3, 7을 반복적으로 말하게 하며 블록의 모양을 수와 연결해 연상시킨다).

에그블록으로 만들기

준비물: 1에그블록 1개, 2에그블록 1개, 3에그블록 1개, 4에그블록 1개, 5에그블록 1개, 6에그블록 1개

1. 1+6=7, 6+1=7이 되는 에그블록 만들기

1에그블록과 5에그블록을 그림과 같이 붙여 1, 5, 6을 말하게 한다. 에그블록판을 뒤집어 5, 1, 6을 말하게 한다(반복적으로 에그블록을 끼우며 1+5=6, 5+1=6이 됨을 말하게 한다).

2. 2+5=7, 5+2=7이 되는 에그블록 만들기

2에그블록과 4에그블록을 그림과 같이 붙여 2, 4, 6을 말하게 한다. 에그블록판을 뒤집어 4, 2, 6을 말하게 한다(반복적으로 에그블록을 끼우며 2+4=6, 4+2=6이 됨을 말하게 한다).

3. 3+4=7, 4+3=7이 되는 에그블록 만들기

3에그블록과 4에그블록을 그림과 같이 붙여 3, 4, 7을 말하게 한다. 에그블록판을 뒤집어 4, 3, 7을 말하게 한다(반복적으로 에

그블록을 끼우며 3+4=7, 4+3=7이 됨을 말하게 한다).

주사위로 만들기

준비물: 1주사위 2개, 2주사위 2개, 3주사위 2개, 4주사위 2개, 5주사위 2개, 6주사위 2개

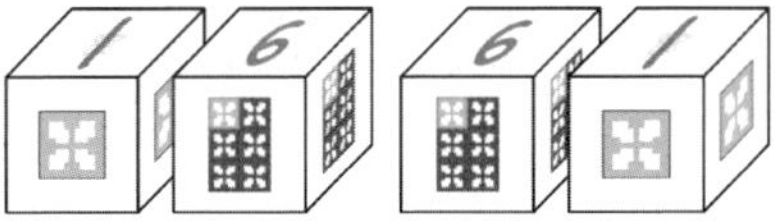

1. 엄마는 1주사위와 6주사위를 던진 후 아이에게 주사위의 합 7을 말하게 한다.

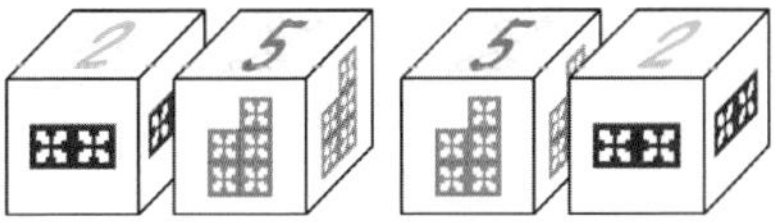

2. 엄마는 2주사위와 5주사위를 던진 후 아이에게 주사위의 합 7을 말하게 한다.

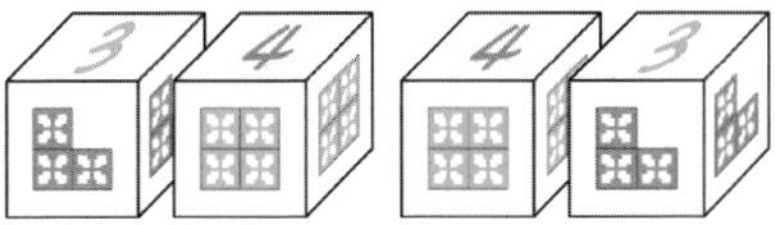

3. 엄마는 3주사위와 4주사위를 던진 후 아이에게 주사위의 합 7을 말하게 한다.
4. 엄마가 1, 2, 3, 4, 5, 6주사위 6개를 다 던진 후 7을 만들어보라고 말하면 아이는 주사위의 합이 7 되는 2개의 주사위를 고른다(아이가 고를 수 있는 주사위의 조합은 1, 6과 2, 5와 3, 4다).
5. 엄마가 1, 2, 3, 4, 5, 6주사위 2세트 12개를 다 던진 후 7을 만들어보라고 말하면 아이는 주사위의 합이 7이 되는 2개의 주사위를 고른다(아이가 고를 수 있는 주사위의 조합은 1, 6과 2, 5와 3, 4와 6, 1과 5, 2와 4, 3이다).

아이와 함께 블록으로 덧셈 7단 해보기

1. 빈칸을 색칠하면서 아이와 함께 숫자를 말하며 7단을 복습한다. 뒷면에 있는 블록을 잘라 직접 만들기도 해본다.

1+6 = 6+1	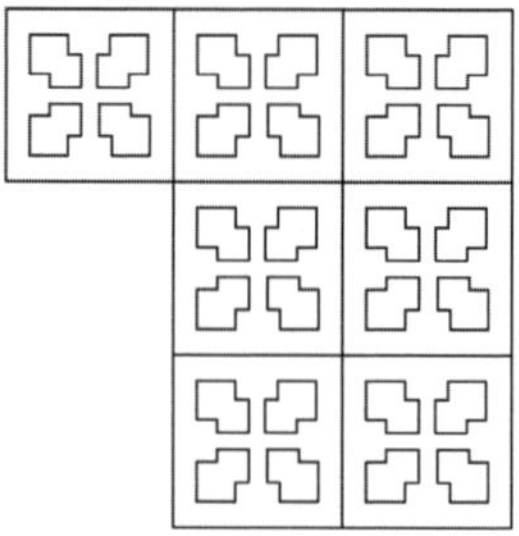
2+5 = 5+2	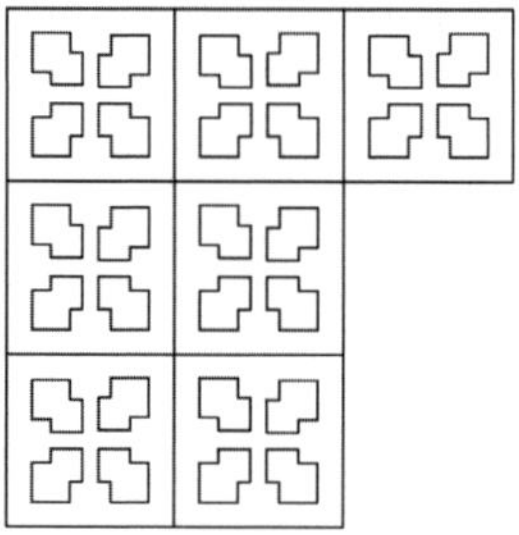
3+4 = 4+3	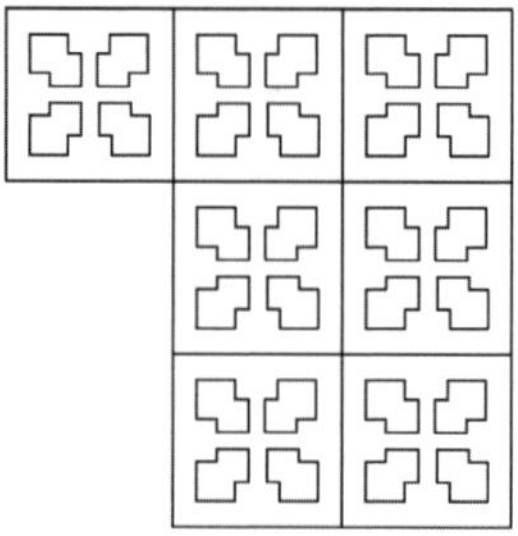

2. 4+3, 5+2, 6+1도 동일한 방법으로 진행한다.

아이와 함께 에그블록으로 덧셈 7단 해보기

1. 빈칸을 색칠하면서 7단을 한 번 더 복습한다. 뒷면에 있는 에그블록을 잘라 직접 만들기도 해본다.

1+6 = 6+1	
2+5 =5+2	
3+4 = 4+3	

2. 4+3, 5+2, 6+1도 동일한 방법으로 진행한다.

DAY-8 덧셈 8단

8 만들기

	1	2	3	4	5	6	7	7	
1+7	1							7	= 8
2+6		2						6	= 8
3+5			3					5	= 8
4+4				4				4	= 8
5+3					5			3	= 8
6+2						6		2	= 8
7+1							6	1	= 8

블록으로 만들기

준비물: 1블록 3개, 3블록 1개, 4블록 2개, 5블록 1개, 6블록 1개, 7블록 1개

1. 1+7=8, 7+1=8이 되는 블록 만들기

1블록 1개와 다른 색의 7블록 1개를 끼워 블록의 개수 1, 7를 차례로 말하고 블록의 개수를 더한 8을 말하게 한다. 만든 블록을 뒤집은 뒤 블록의 개수 7, 1을 차례로 말하고 블록의 개수를 더한 8을 말하게 한다(1, 7, 8과 7, 1, 8을 반복적으로 말하게 하며 블록의 모양을 수와 연결해 연

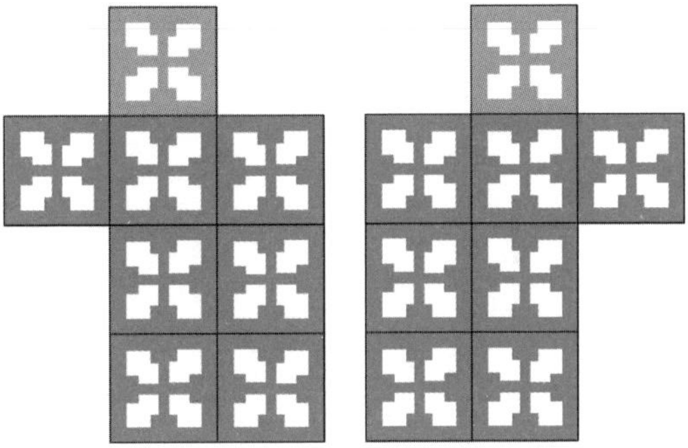

상시킨다).

2. 2+6=8, 6+2=8이 되는 블록 만들기

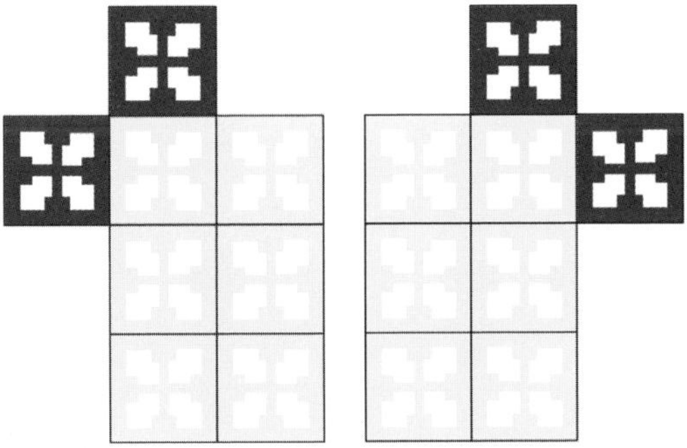

1블록 2개와 다른 색의 6블록 1개를 끼워 블록의 개수 2, 6을 차례로 말하고 블록의 개수를 더한 8을 말하게 한다. 만든 블록을 뒤집은 뒤 블록의 개수 6, 2을 차례로 말하고 블록의 개수를 더한 8을 말

하게 한다(2, 6, 8과 6, 2, 8을 반복적으로 말하게 하며 블록의 모양을 수와 연결해 연상시킨다).

2. 3+5=8, 5+3=8이 되는 블록 만들기

3블록 1개와 다른 색의 5블록 1개를 끼워 블록의 개수 3, 5를 차례로 말하고 블록의 개수를 더한 8을 말하게 한다. 만든 블록을 뒤집은 뒤 블록의 개수 5, 3을 차례로 말하고 블록의 개수를 더한 8을 말하게 한다(3, 5, 8과 5, 3, 8을 반복적으로 말하게 하며 블록의 모양을 수와 연결해 연상시킨다).

3. 4+4=8이 되는 블록 만들기

4블록 1개와 다른 색의 4블록 1개를 끼워 블록의 개수 4, 4를 차례로 말하고 블록의 개수를 더한 8을 말하게 한다(4, 4, 8을 반복적으로 말하게 하며 블록의 모양을 수와 연결해 연상시킨다).

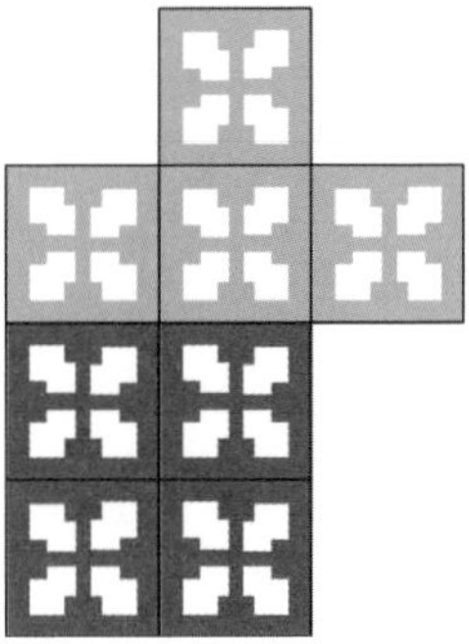

에그블록으로 만들기

준비물: 1에그블록 1개, 2에그블록 1개, 3에그블록 1개, 4에그블록 2개, 5에그블록 1개, 6에그블록 1개, 7에그블록 1개

1. 1+7=8, 7+1=8가 되는 에그블록 만들기

1에그블록과 7에그블록을 붙여 1, 7, 8을 말하게 한다. 에그블록 판을 뒤집어 7, 1, 8을 말하게 한다(에그블록을 끼우며 1+7=8, 7+1=8이 됨을 반복적으로 말하게 한다).

2. 2+6=8, 6+2=8이 되는 에그블록 만들기

2에그블록과 6에그블록을 붙여 2, 6, 8을 말하게 한다. 에그블록 판을 뒤집어 6, 2, 8을 말하게 한

다(에그블록을 끼우며 2+6=8, 6+2=8이 됨을 반복적으로 말하게 한다).

3. 3+5=8, 5+3=8이 되는 에그블록 만들기

3에그블록과 5에그블록을 붙여 3, 5, 8을 말하게 한다. 에그블록 판을 뒤집어 5, 3, 8을 말하게 한다(에그블록을 끼우며 3+5=8, 5+3=8이 됨을 반복적으로 말하게 한다).

4. 4+4=8이 되는 에그블록 만들기

4에그블록 2개를 그림과 같이 붙여 4, 4, 8을 말하게 한다(에그블록을 끼우며 4+4=8이 됨을 반복적으로 말하게 한다).

주사위로 만들기

준비물: 1주사위 2개, 2주사위 2개, 3주사위 2개, 4주사위 2개, 5주사위 2개, 6주사위 2개, 7주사위 2개

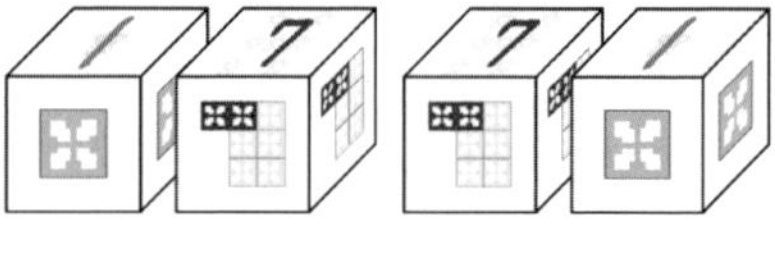

1. 엄마는 1주사위와 7주사위를 던진 후 아이에게 주사위의 합 8을 말하게 한다.

2. 엄마는 2주사위와 6주사위를 던진 후 아이에게 주사위의 합 8을 말하게 한다.

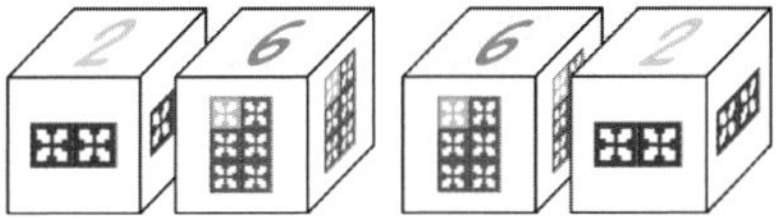

3. 엄마는 3주사위와 5주사위를 던진 후 아이에게 주사위의 합 8을 말하게 한다.

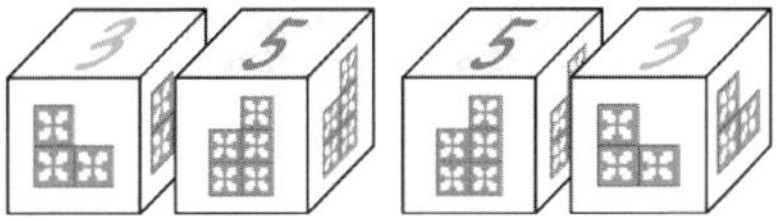

4. 엄마는 4주사위와 4주사위를 던진 후 아이에게 주사위의 합 8을 말하게 한다.

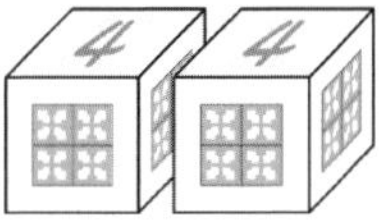

5. 엄마가 1, 2, 3, 4, 4, 5, 6, 7주사위 8개를 다 던진 후 8을 만들어보라고 말하면 아이는 주사위의 합이 8이 되는 2개의 주사위를 고른다(아이가 고를 수 있는 주사위의 조합은 1, 7과 2, 6과 3, 5와 4, 4다).

6. 엄마가 1, 2, 3, 4, 5, 6, 7주사위 2세트 14개를 다 던진 후 8을 만들어보라고 말하면 아이는 주사위의 합이 8이 되는 2개의 주사위를 고른다(아이가 고를 수 있는 주사위의 조합은 1, 7과 2, 6과 3, 5와 4, 4와 5, 3과 6, 2와 7, 1이다).

아이와 함께 블록으로 덧셈 8단 해보기

1. 빈칸을 색칠하면서 아이와 함께 숫자를 말하며 8단을 복습한다. 뒷면에 있는 블록을 잘라 직접 만들기도 해본다.

1+7 = 7+1	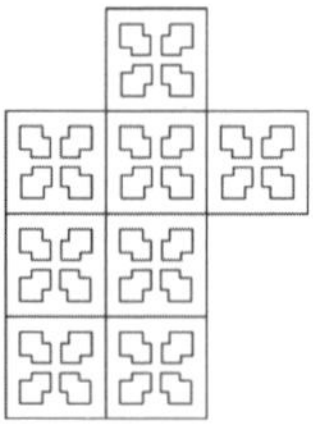
2+6 = 6+2	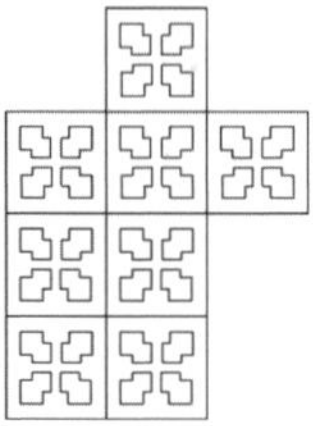
3+5 = 5+3	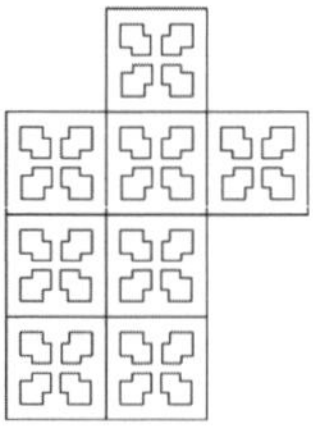
4+4 = 4+4	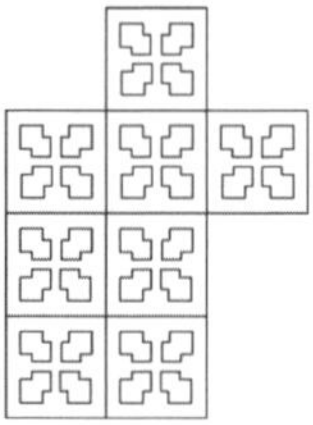

2. 5+3, 6+2, 7+1도 동일한 방법으로 진행한다.

아이와 함께 에그블록으로 덧셈 8단 해보기

1. 빈칸을 색칠하면서 8단을 한 번 더 복습한다. 뒷면에 있는 에그블록을 잘라 직접 만들기도 해본다.

1+7 = 7+1	
2+6 = 6+2	
3+5 = 5+3	
4+4 = 4+4	

2. 5+3, 6+2, 7+1도 동일한 방법으로 진행한다.

년 월 일

DAY-9 덧셈 9단

9 만들기

	1	2	3	4	5	6	7	8	9	
1+8	1								8	=9
2+7		2							7	=9
3+6			3						6	=9
4+5				4					5	=9
5+4					5				4	=9
6+3						6			3	=9
7+2							7		2	=9
8+1								8	1	=9

블록으로 만들기

준비물: 1블록 1개, 2블록 1개, 3블록 1개, 4블록 1개, 5블록 1개, 6블록 1개, 7블록 1개, 8블록 1개

1. 1+8=9, 8+1=9가 되는 블록 만들기

1블록 1개와 다른 색의 8블록 1개를 끼워 블록의 개수 1, 8을 차례로 말하고 블록의 개수를 더한 9를 말하게 한다. 만든 블록을 뒤집은 뒤 블록의 개수 8, 1을 차례로 말하고 블록의 개수를 더한 9를 말하게 한

다(1, 8, 9와 8, 1, 9를 반복적으로 말하게 하며 블록의 모양을 수와 연결해 연상시킨다).

2. 2+7=9, 7+2=9가 되는 블록 만들기

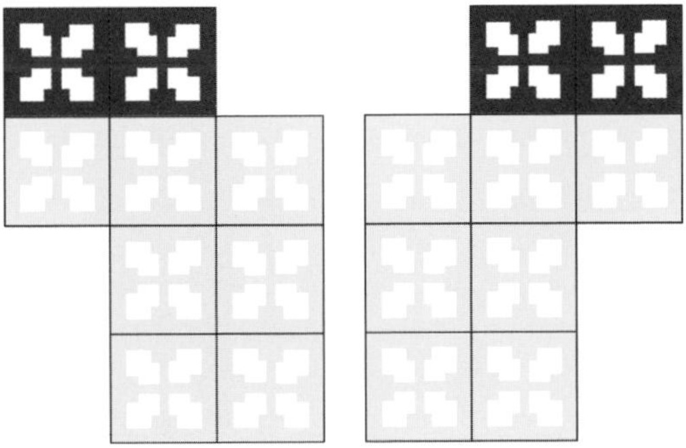

2블록 1개와 다른 색의 7블록 1개를 끼워 블록의 개수 2, 7을 차례로 말하고 블록의 개수를 더한 9를 말하게 한다. 만든 블록을 뒤집은 뒤 블록

의 개수 7, 2를 차례로 말하고 블록의 개수를 더한 9를 말하게 한다(2, 7, 9와 7, 2, 9를 반복적으로 말하게 하며 블록의 모양을 수와 연결해 연상시킨다).

3. 3+6=9, 6+3=9가 되는 블록 만들기

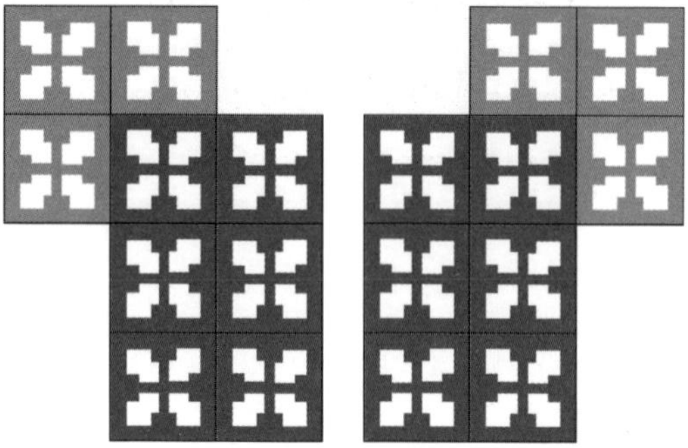

3블록 1개와 다른 색의 6블록 1개를 끼워 블록의 개수 3, 6을 차례로 말하고 블록의 개수를 더한 9를 말하게 한다. 만든 블록을 뒤집은 뒤 블록의 개수 6, 3을 차례로 말하고 블록의 개수를 더한 9를 말하게 한다(3, 6, 9와 6, 3, 9를 반복적으로 말하게 하며 블록의 모양을 수와 연결해 연상시킨다).

4. 4+5=9, 5+4=9가 되는 블록 만들기

4블록 1개와 다른 색의 5블록 1개를 끼워 블록의 개수 4, 5를 차례로 말하고 블록의 개수를 더한 9를 말하게 한다. 만든 블록을 뒤집은 뒤 블록의 개수 5, 4를 차례로 말하고 블록의 개수를 더한 9를 말하게 한다(4, 5, 9와 5, 4, 9를 반복적으로 말하게 하며 블록의 모양을 수와 연결해 연상시킨다).

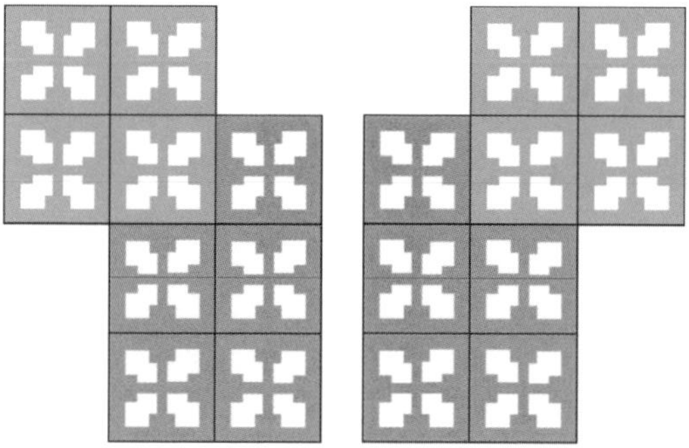

에그블록으로 만들기

준비물: 1에그블록 1개, 2에그블록 1개, 3에그블록 1개, 4에그블록 1개, 5에그블록 1개, 6에그블록 1개, 7에그블록 1개, 8에그블록 1개

1. 1+8=9, 8+1=9가 되는 에그블록 만들기

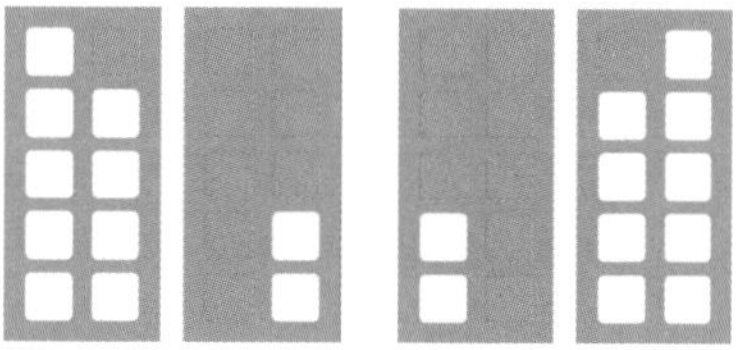

1에그블록과 8에그블록을 그림과 같이 붙여 1, 8, 9를 말하게 한다. 에그블록판을 뒤집어 8, 1, 9를 말하게 한다(반복적으로 1+8=9, 8+1=9가 됨을 에그블록을 끼우며 말하게 한다).

2. 2+7=9, 7+2=9가 되는 에그블록 만들기

2에그블록과 7에그블록을 그림과 같이 붙여 2, 7, 9를 말하게 한다. 에그블록판을 뒤집어 7,

2, 9를 말하게 한다(반복적으로 2+7=9, 7+2=9가 됨을 에그블록을 끼우며 말하게 한다).

3. 3+6=9, 6+3=9가 되는 에그블록 만들기

3에그블록과 6에그블록을 그림과 같이 붙여 3, 6, 9를 말하게 한다. 에그블록판을 뒤집어 6, 3, 9를 말하게 한다(반복적으로 3+6=9, 6+3=9가 됨을 에그블록을 끼우며 말하게 한다).

4. 4+5=9, 5+4=9가 되는 에그블록 만들기

4에그블록과 5에그블록을 그림과 같이 붙여 4, 5, 9를 말하게 한다. 에그블록판을 뒤집어 5, 4, 9를 말하게 한다(반복적으로 5+4=9, 4+5=9가 됨을 에그블록을 끼우며 말하게 한다).

주사위로 만들기

준비물: 1주사위 2개, 2주사위 2개, 3주사위 2개, 4주사위 2개, 5주사위 2개, 6주사위 2개, 7주사위 2개, 8주사위 2개

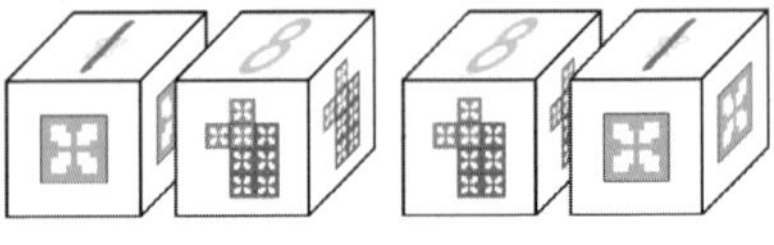

1. 엄마는 1주사위와 8주사위

를 던진 후 아이에게 주사위의 합 9를 말하게 한다.

2. 엄마는 2주사위와 7주사위를 던진 후 아이에게 주사위의 합 9를 말하게 한다.

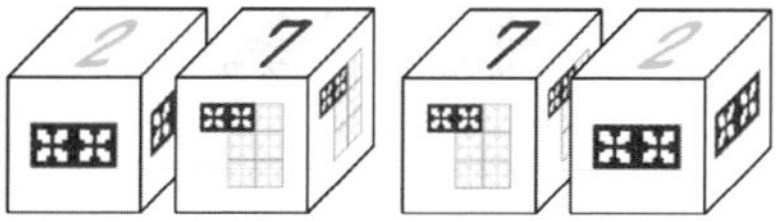

3. 엄마는 3주사위와 6주사위를 던진 후 아이에게 주사위의 합 9를 말하게 한다.

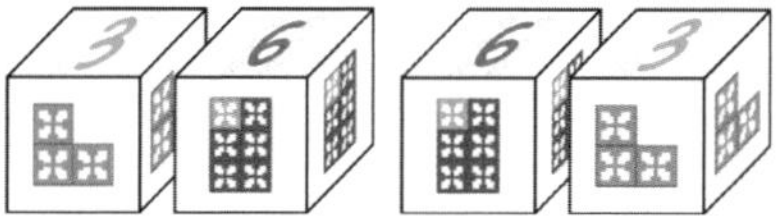

4. 엄마는 4주사위와 5주사위를 던진 후 아이에게 주사위의 합 9를 말하게 한다.

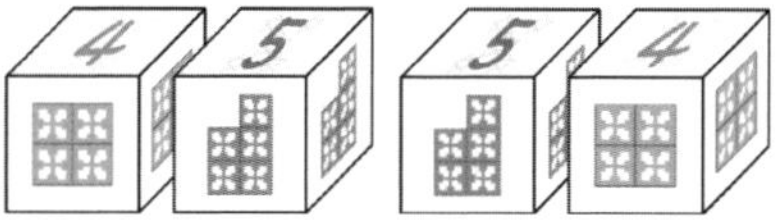

5. 엄마가 1, 2, 3, 4, 5, 6, 7, 8주사위 8개를 다 던진 후 9를 만들어보라고 말하면 아이는 주사위의 합이 9가 되는 2개의 주사위를 고른다(아이가 고를 수 있는 주사위의 조합은 1, 8과 2, 7과 3, 6과 4, 5다).

6. 엄마가 주사위 1, 2, 3, 4, 5, 6, 7, 8주사위 2세트 16개를 다 던진 후 9를 만들어보라고 말하면 아이는 주사위의 합이 9가 되는 2개의 주사위를 고른다(아이가 고를 수 있는 주사위의 조합은 1, 8과 2, 7과 3, 6과 4, 5와 5, 4와 6, 3과 7, 2와 8, 1이다).

아이와 함께 블록으로 덧셈 9단 해보기

1. 빈칸을 색칠하면서 아이와 함께 숫자를 말하며 9단을 복습한다. 뒷면에 있는 블록을 잘라 직접 만들기도 해본다.

1+8 = 8+1	
2+7 = 7+2	
3+6 = 6+3	
4+5 = 5+4	

2. 5+4, 6+3, 7+2, 8+1도 동일한 방법으로 진행한다.

아이와 함께 에그블록으로 덧셈 9단 해보기

1. 빈칸을 색칠하면서 9단을 한 번 더 복습한다. 뒷면에 있는 에그블록을 잘라 직접 만들기도 해본다.

1+8 = 8+1	
2+7 = 7+2	
3+6 = 6+3	
4+5 = 5+4	

2. 5+4, 6+3, 7+2, 8+1도 동일한 방법으로 진행한다.

년 월 일

DAY-10 덧셈 10단

10 만들기

	1	2	3	4	5	6	7	8	8	10	
1+9	1									9	= 10
2+8		2								8	= 10
3+7			3							7	= 10
4+6				4						6	= 10
5+5					5					5	= 10
6+4						6				4	= 10
7+3							7			3	= 10
8+2								8		2	= 10
9+1									9	1	= 10

블록으로 만들기

준비물: 1블록 1개, 2블록 1개, 3블록 1개, 4블록 1개, 5블록 2개, 6블록 1개, 7블록 1개, 8블록 1개, 9블록 1개

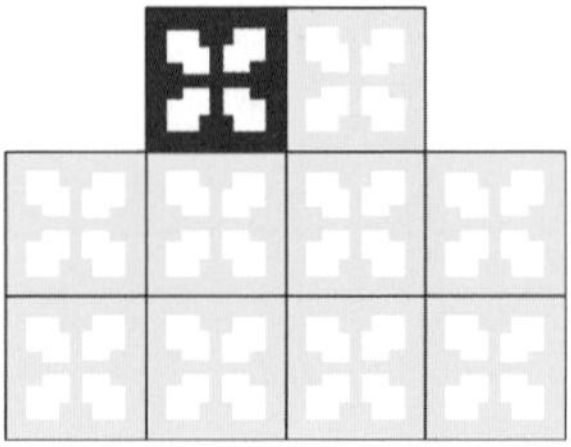

1. 1+9=10, 9+1=10이 되는 블록 만들기

1블록 1개와 다른 색의 9블록 1개를 끼워 블록의 개수 1, 9를 차례로 말하고 블록의 개수를 더한 10을 말하게 한다.

만든 블록을 뒤집은 뒤 블록의 개수 9, 1을 차례로 말하고 블록의 개수를 더한 10을 말하게 한다(1, 9, 10과 9, 1, 10을 반복적으로 말하게 하며 블록의 모양을 수와 연결해 연상시킨다).

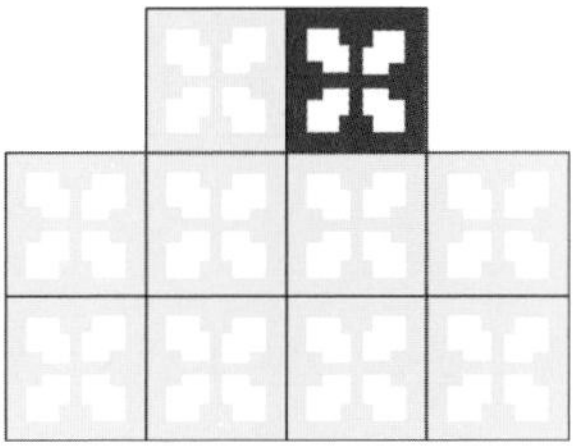

2. 2+8=10, 8+2=10이 되는 블록 만들기

2블록 1개와 다른 색의 8블록 1개를 끼워 블록의 개수 2, 8을 차례로 말하고 블록의 개수를 더한 10을 말하게 한다. 만든 블록을 뒤집은 뒤 블록의 개수 8, 2를 차례로 말하고 블록의 개수를 더한 10을 말하게 한다(2, 8, 10과 8, 2, 10을 반복적으로 말하게 하며 블록의 모양을 수와 연결해 연상시킨다).

3. 3+7=10, 7+3=10이 되는 블록 만들기

1블록 3개와 다른 색의 7블록 1개를 끼워 블록의 개수 3, 7을 차례로 말하고 블록의 개수를 더한 10을 말하게 한다. 만든 블록을 뒤집은 뒤 블록의 개수 7,

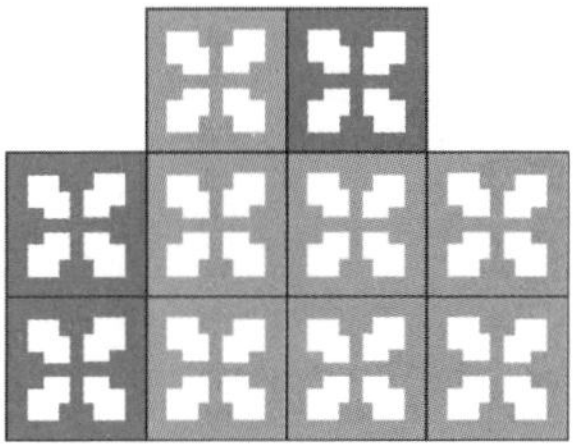

3을 차례로 말하고 블록의 개수를 더한 10을 말하게 한다(3, 7, 10과 7, 3, 10을 반복적으로 말하게 하며 블록의 모양을 수와 연결해 연상시킨다).

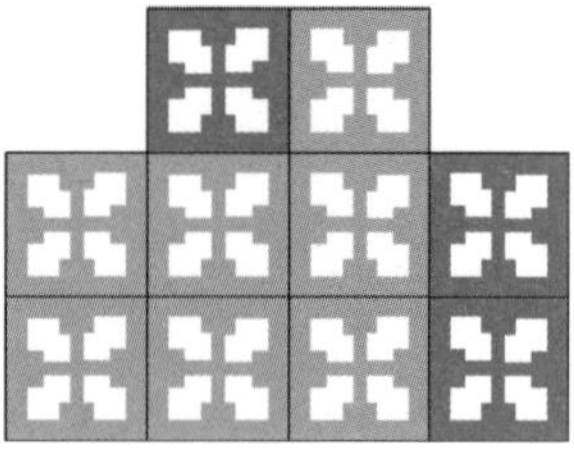

4. 4+6=10, 6+4=10이 되는 블록 만들기

2블록 2개와 다른 색의 6블록 1개를 끼워 블록의 개수 4, 6을 차례로 말하고 블록의 개수를 더한 10을 말하게 한다. 만든 블록을 뒤집은 뒤 블록의 개수 6, 4를 차례로 말하고 블록의 개수를 더한 10을 말하게 한다(4, 6, 10과 6, 4, 10을 반복적으로 말하게 하며 블록의 모양을 수와 연결해 연상시킨다).

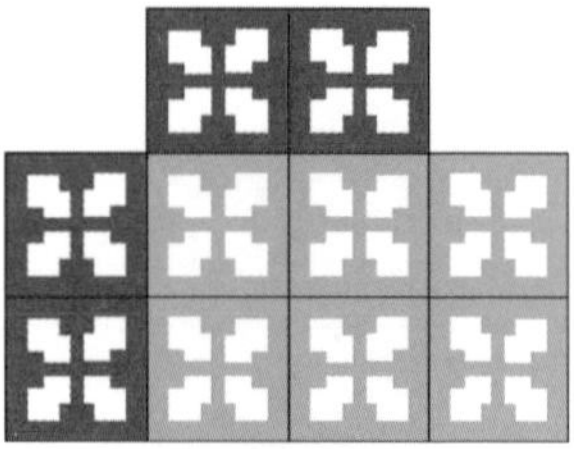

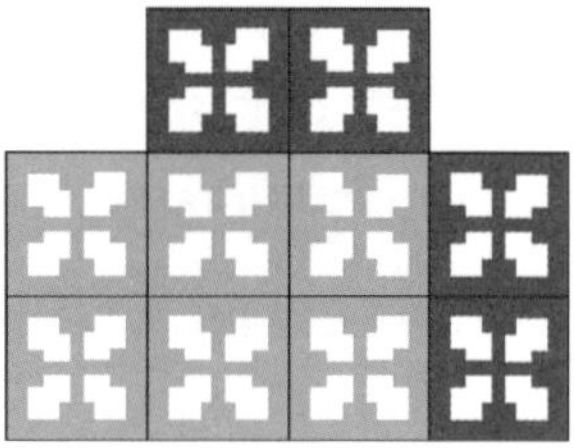

5. 5+5=10이 되는 블록 만들기

5블록 1개와 다른 색의 5블록 1개를 끼워 블록의 개수 5, 5를 차례로 말하고 블록의 개수를 더한 10을 말하게 한다(5, 5, 10을 반복적으로 말하게 하며 블록의 모양을 수와 연결해 연상시킨다).

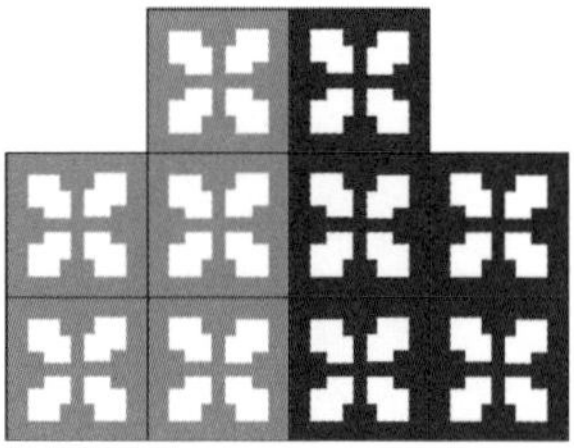

에그블록으로 만들기

준비물: 1에그블록 1개, 2에그블록 1개, 3에그블록 1개, 4에그블록 1개, 5에그블록 2개, 6에그블록 1개, 7에그블록 1개, 8에그블록 1개, 9에그블록 1개

1. 1+9=10, 9+1=10이 되는 에그블록 만들기

1에그블록과 9에그블록을 그림과 같이 붙여 1, 9, 10을 말하게 한다. 에그블록판을 뒤집어 9, 1, 10을 말하게 한다(반복적으로 1+9=10, 9+1=10이 됨을 에그블록을 끼우며 말하게 한다).

2. 2+8=10, 8+2=10이 되는 에그블록 만들기

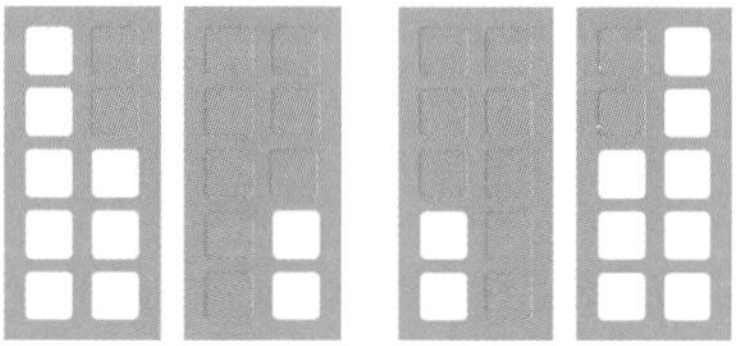

2에그블록과 8에그블록을 그림과 같이 붙여 2, 8, 10을 말하게 한다. 에그블록판을 뒤집어 8, 2, 10을 말하게 한다(반복적으로 2+8=10, 8+2=10이 됨을 에그블록을 끼우며 말하게 한다).

3. 3+7=10, 7+3=10이 되는 에그블록 만들기

3에그블록과 7에그블록을 그림과 같이 붙여 3, 7, 10을 말하게 한다. 에그블록판을 뒤집어 7, 3, 10을 말하게 한다(반복적으로

에그블록을 끼우며 3+7=10, 7+3=10이 됨을 말하게 한다).

4. 4+6=10, 6+4=10이 되는 에그블록 만들기

4에그블록과 6에그블록을 그림과 같이 붙여 4, 6, 10을 말하게 한다. 에그블록판을 뒤집어 6, 4, 10을 말하게 한다(반복적으로 에그블록을 끼우며 4+6=10, 6+4=10이 됨을 말하게 한다).

5. 5+5=10이 되는 에그블록 만들기

5에그블록 2개를 그림과 같이 붙여 5, 5, 10을 차례로 말하고 개수의 합인 10을 말한다(반복적으로 에그블록을 끼우며 5+5=10이 됨을 말하게 한다).

주사위로 만들기

준비물: 1주사위 2개, 2주사위 2개, 3주사위 2개, 4주사위 2개, 5주사위 2개, 6주사위 2개, 7주사위 2개, 8주사위 2개, 9주사위 2개

1. 엄마는 1주사위와 9주사위를 던진 후 아이에게 주사위의 합 10을 말하게 한다.

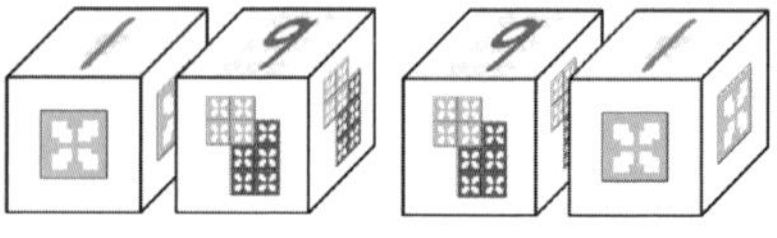

2. 엄마는 2주사위와 8주사위를 던진 후 아이에게 주사위의 합 10을 말하게 한다.

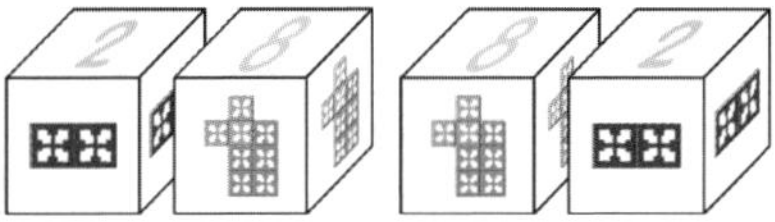

3. 엄마는 3주사위와 7주사위를 던진 후 아이에게 주사위의 합 10을 말하게 한다.

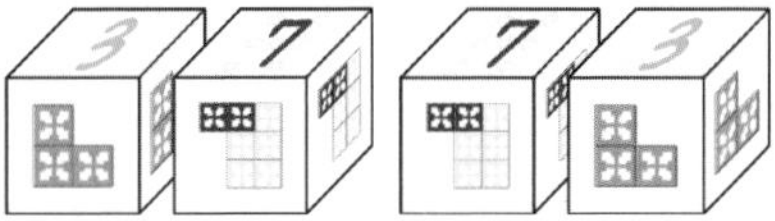

4. 엄마는 4주사위와 6주사위를 던진 후 아이에게 주사위의 합 10을 말하게 한다.

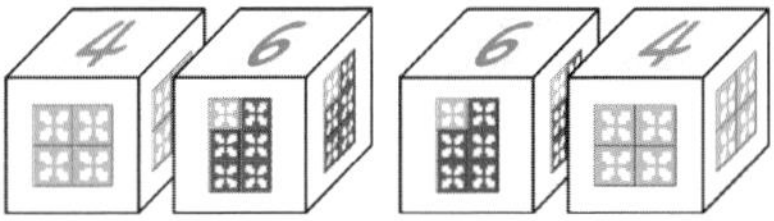

5. 엄마는 5주사위와 5주사위를 던진 후 아이에게 주사위의 합 10을 말하게 한다.

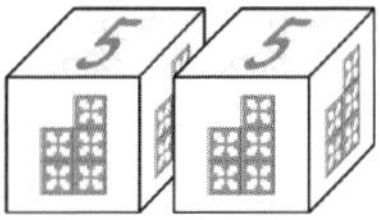

6. 엄마가 1, 2, 3, 4, 5, 5, 6, 7, 8, 9주사위 10개를 다 던진 후 10을 만들어보라고 말하면 아이는 주사위의 합이 10이 되는 2개의 주사위를 고른다(아이가 고를 수 있는 주사위의 조합은 1, 9와 2, 8과 3, 7과 4, 6과 5, 5다).

7. 엄마가 1, 2, 3, 4, 5, 6, 7, 8, 9주사위 2세트 18개를 다 던진 후 10을 만들어보라고 말하면 아이는 주사위의 합이 10이 되는 2개의 주사위를 고른다(아이가 고를 수 있는 주사위의 조합은 1, 9와 2, 8과 3, 7과 4, 6과 5, 5와 6, 4와 7, 3과 8, 2와 9, 1이다).

아이와 함께 블록으로 덧셈 10단 해보기

1. 빈칸을 색칠하면서 아이와 함께 숫자를 말하며 10단을 복습한다. 뒷면에 있는 블록을 잘라 직접 만들기도 해본다.

1+9 = 9+1	
2+8 = 8+2	
3+7 = 7+3	
4+6 = 6+4	
5+5 = 5+5	

2. 6+4, 7+3, 8+2, 9+1도 동일한 방법으로 진행한다.

아이와 함께 에그블록으로 덧셈 10단 해보기

1. 빈칸을 색칠하면서 10단을 한 번 더 복습한다. 뒷면에 있는 에그블록을 잘라 직접 만들기도 해본다.

1+9 = 9+1	
2+8 = 8+2	
3+7 = 7+3	
4+6 = 6+4	
5+5 = 5+5	

2. 6+4, 7+3, 8+2, 9+1도 동일한 방법으로 진행한다.

TIP

덧셈 10단 활용하기

한 자리 수+한 자리 수로 10이 넘는 수

예를 들어 8과 9의 합을 구해본다고 하자. 이때 각 수를 5 대장수와 5를 제외한 나머지 수로 나눠 생각해 계산한다(8+9=5+3+5+4=10+7=17).

문제	블록 계산		정답
8+9	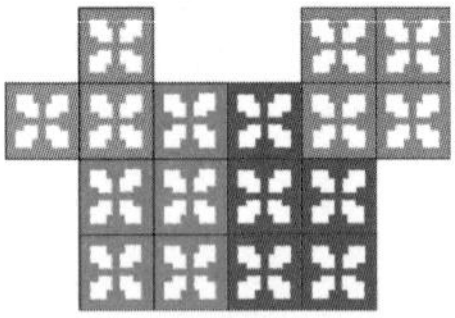		17
	에그블록 계산	주사위 놀이 계산	
		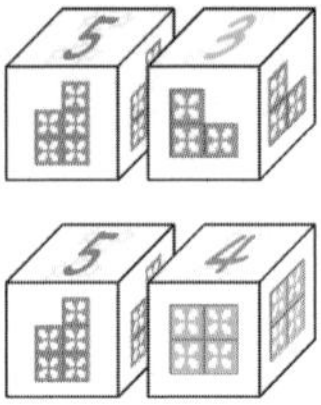	

이와 같은 방법으로 아이와 함께 다음 문제를 풀어보자.

- 8+6 =
- 7+5 =
- 9+6 =
- 8+5 =
- 7+8 =
- 5+6 =

두 자리 수+한 자리 수, 덧셈 10단의 확장

'두 자리 수+한 자리 수'는 여러 가지 덧셈 방법이 있지만, 여기에서는 십의 자리와 일의 자리를 나누어 더하는 방법으로 연습해본다.

예를 들어 14와 3의 합을 구해본다고 하자. 이때 일의 자리 4와 3에 동그라미를 쳐서 일의 자리를 먼저 더한다. 이후 십의 자리 10을 더하면 17이 됨을 알 수 있다(14+3=10+4+3=17).

문제	블록과 에그블록 계산	정답
14+3	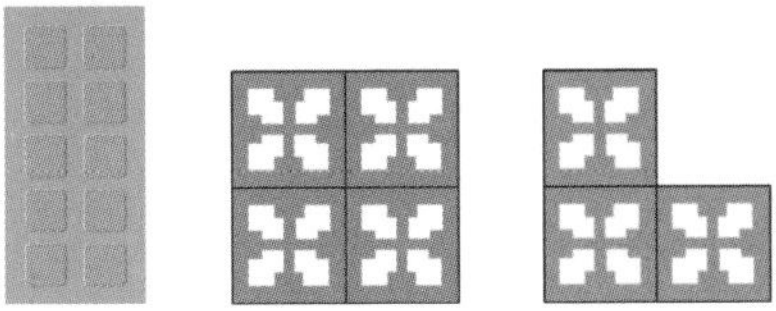	**17**

이와 같은 방법으로 아이와 함께 다음 문제를 풀어보자.

• 25+4 =

• 34+2 =

• 43+2 =

• 54+3 =

• 67+5 =

• 79+6 =

두 자리 수+두 자리 수, 이젠 어렵지 않다!

앞과 동일하게 십의 자리와 일의 자리를 나누어 더하는 방법으로 연습해본다. 예를 들어 13과 25의 합을 구해본다고 하자. 이때 십의 자리 10과 20을 더하고, 일의 자리 3과 5를 더한다. 그러면 30과 8이 된다. 이 둘을 더하면 38이 된다(13+25=10+20+3+5=30+8=38).

문제	블록과 에그블록 계산	정답
13+25	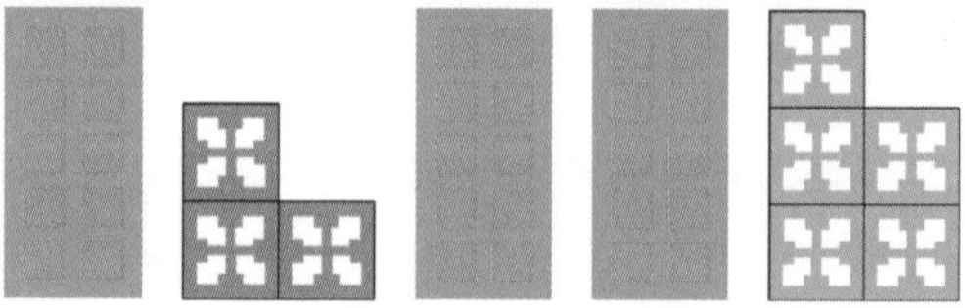	**38**

이와 같은 방법으로 아이와 함께 다음 문제를 풀어보자.

• 23+34 =

• 32+46 =

• 46+32 =

• 51+32 =

• 63+37 =

• 72+29 =

신나는 동수 가르기

동수 가르기는 곱셈과 나눗셈을 할 때 매우 유용하므로 잘 정리해놓아야 한다. 2=1+1, 4=2+2, 6=3+3, 8=4+4, 10=5+5, 12=6+6, 14=7+7, 16=8+8, 18=9+9, 20=10+10, 30=15+15, 50=25+25, 70=35+35, 90=45+45, 100=50+50 등 같은 수 가르기 연습을 해야 한다. 확장해서 계속 동수 가르기를 연습하는 것도 중요하다.

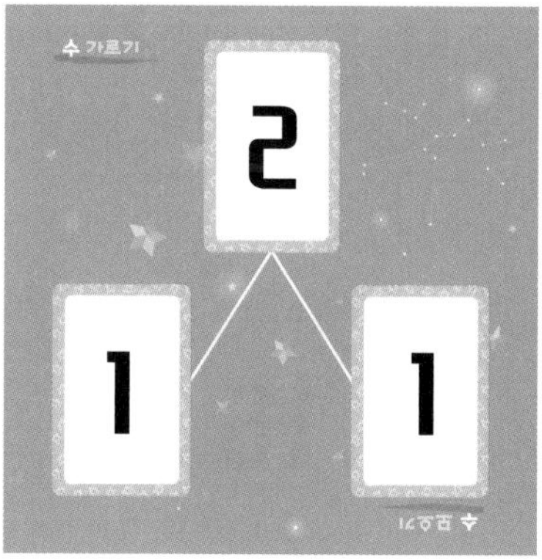

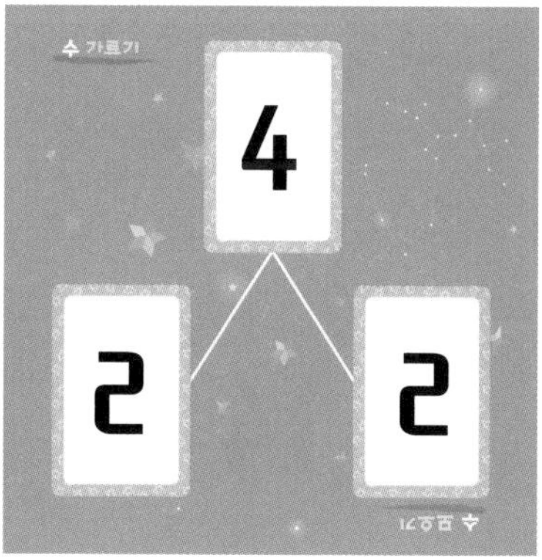

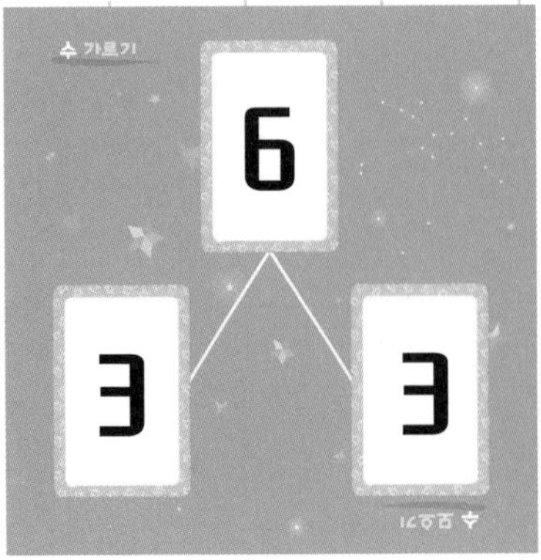
수 가르기
6
3
3
수 모으기

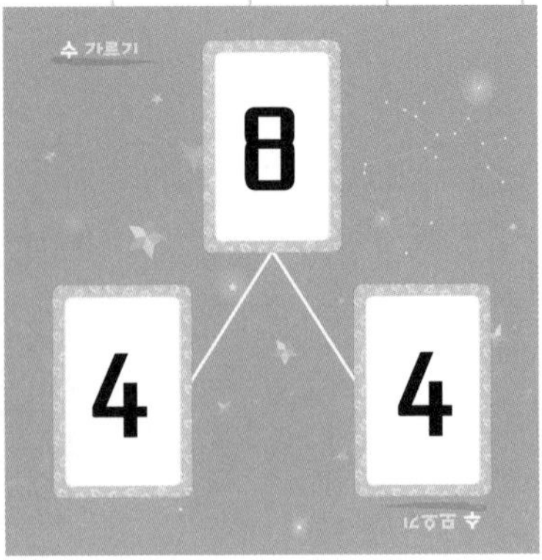
수 가르기
8
4
4
수 모으기

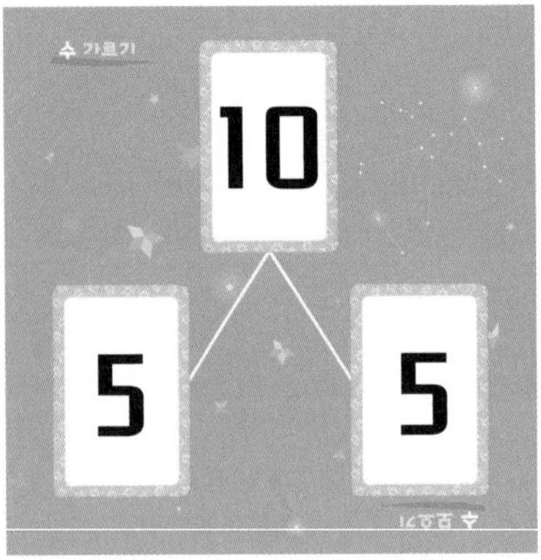
수 가르기
10
5
5
수 모으기

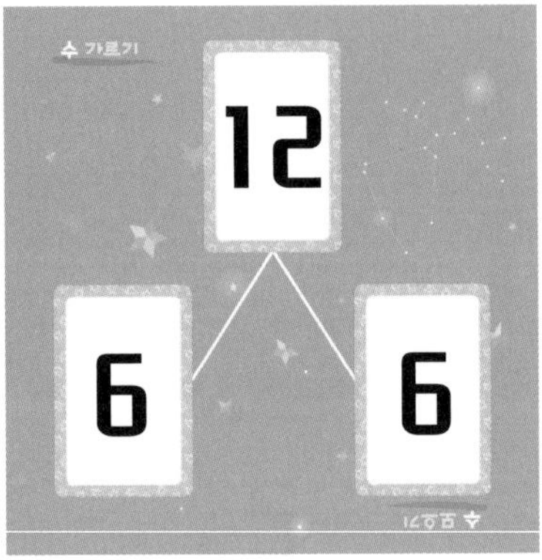
수 가르기
12
6
6
수 모으기

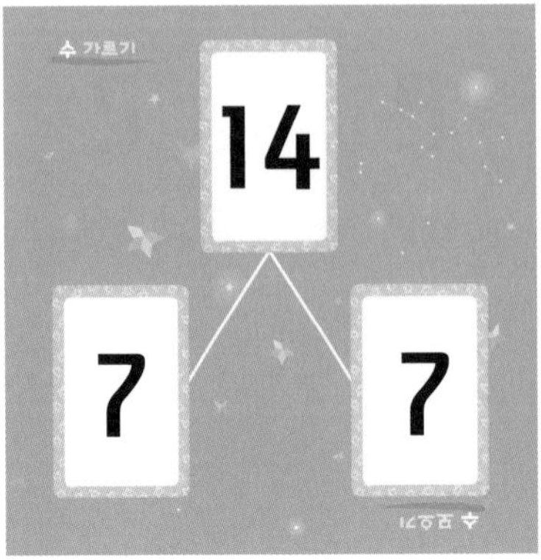
수 가르기
14
7
7
수 모으기

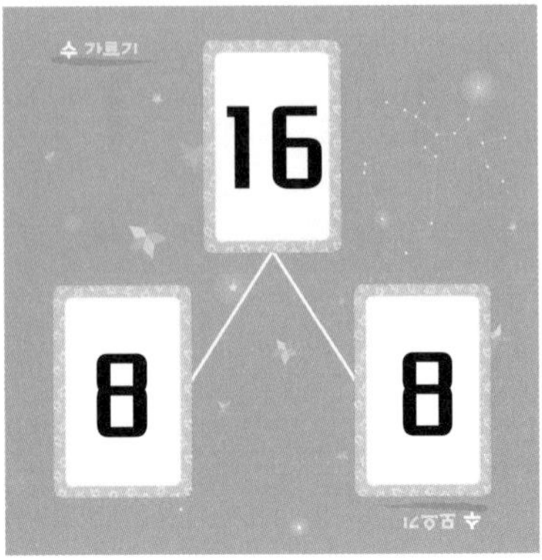
수 가르기
16
8
8
수 모으기

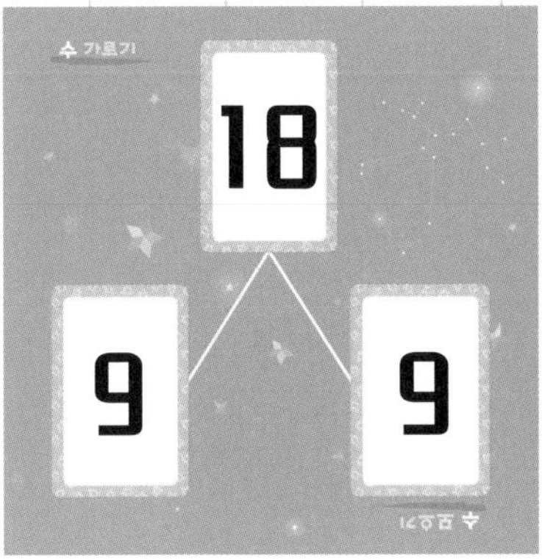
수 가르기
18
9
9

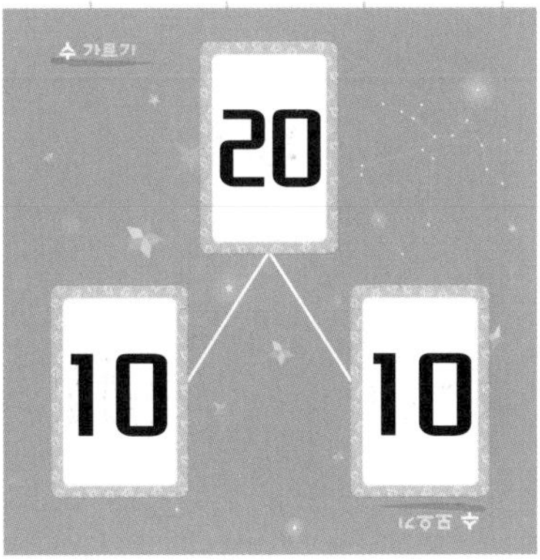
수 가르기
20
10
10

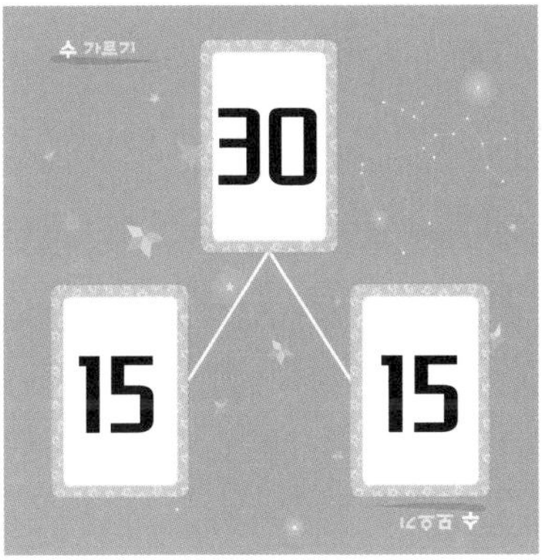
수 가르기
30
15
15

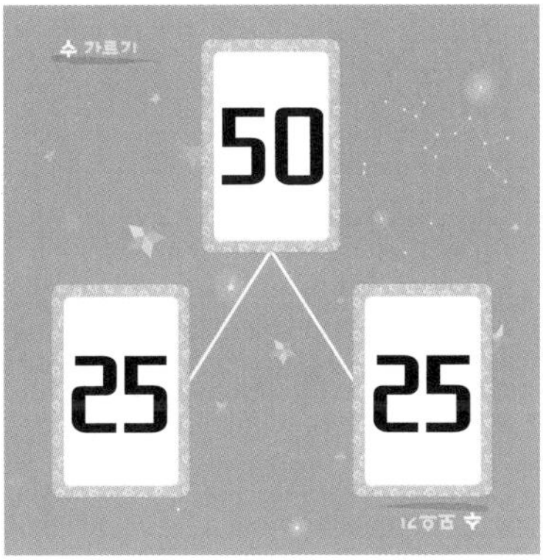
수 가르기
50
25
25

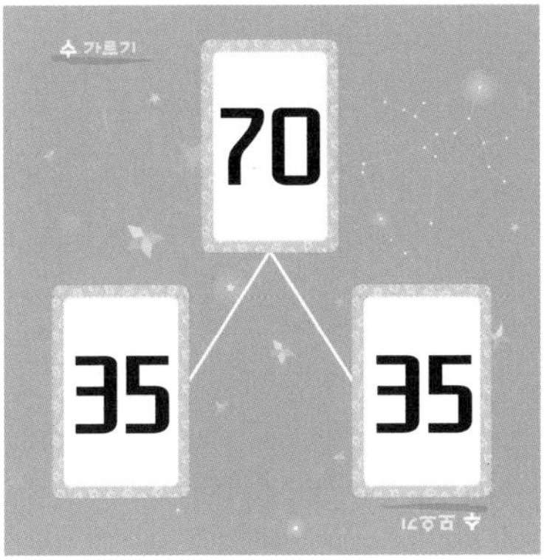
수 가르기
70
35
35

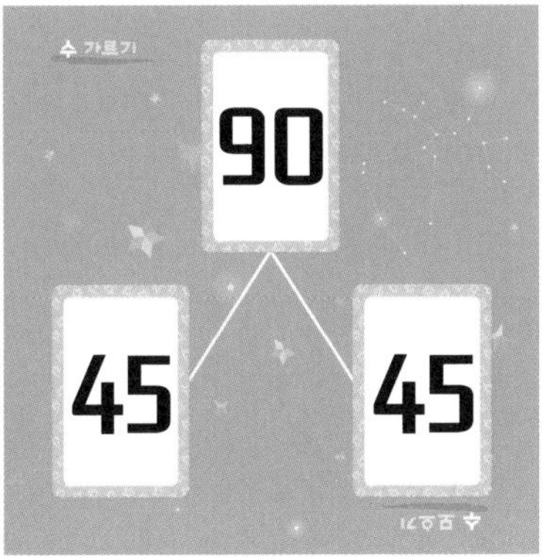
수 가르기
90
45
45

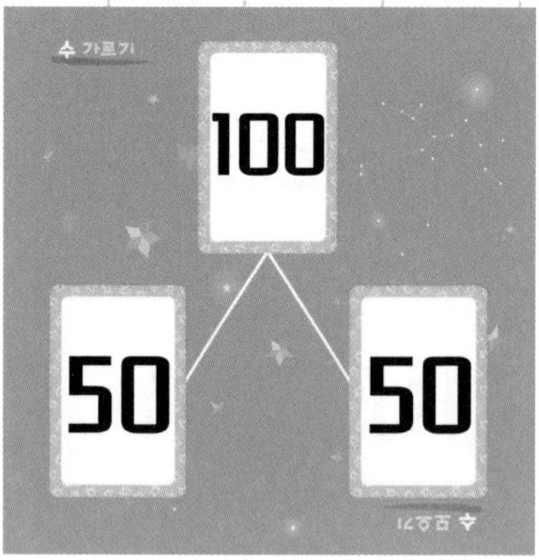

신나는 동수 모으기

동수 모으기는 가르기와 마찬가지로 곱셈을 할 때 매우 유용하므로 잘 정리해놓아야 한다. 특히 앞에서 공부한 덧셈 2단과 4단은 정말 중요해서 여기서 다시 연습하도록 하겠다. 1+1=2, 2+2=4, 3+3=6, 4+4=8, 5+5=10, 6+6=12, 7+7=14, 8+8=16, 9+9=18, 10+10=20, 15+15=30, 25+25=50, 35+35=70, 45+45=90, 50+50=100 등 같은 수 더하는 연습을 반복해야 한다. 확장해서 계속 동수 이어 가기를 하는 것도 중요하다.

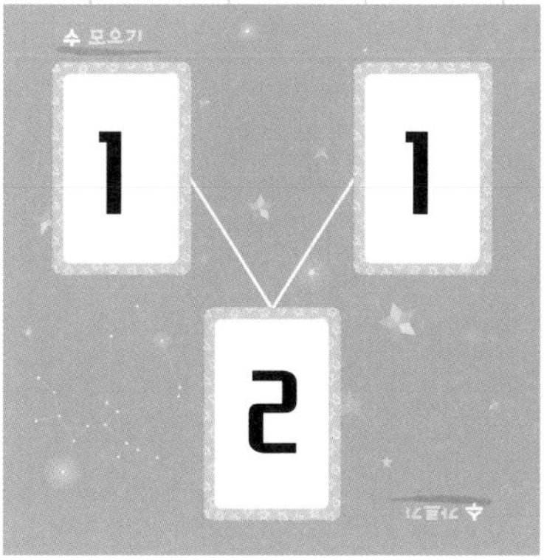
수 모으기
1
1
2

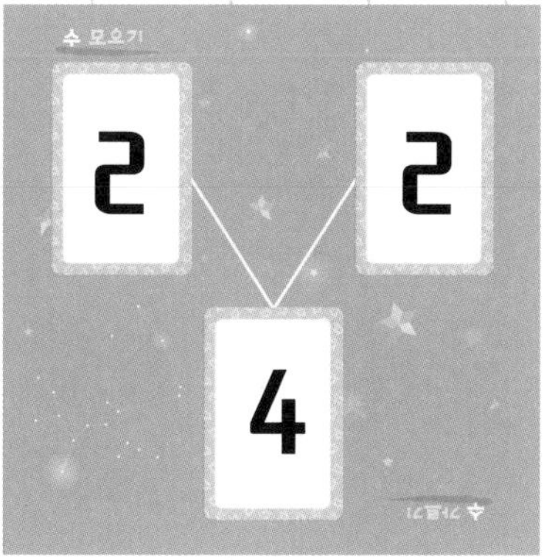
수 모으기
2
2
4

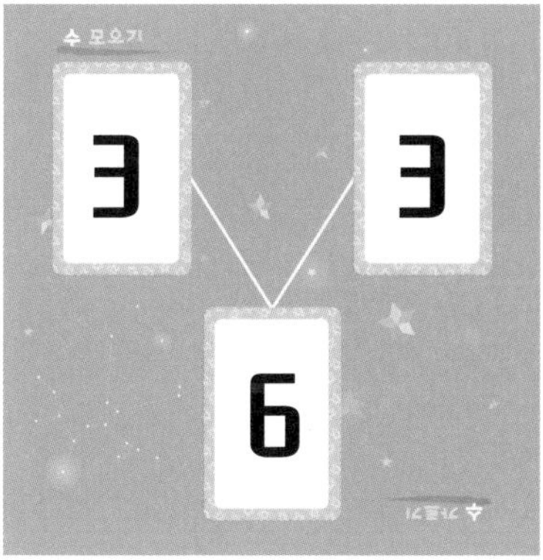
수 모으기
3
3
6

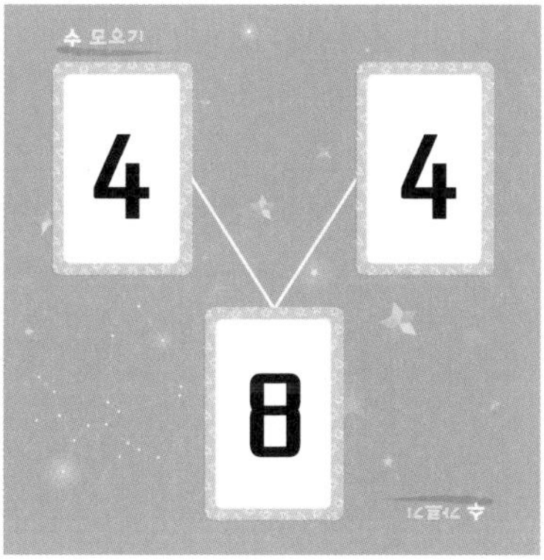
수 모으기
4
4
8

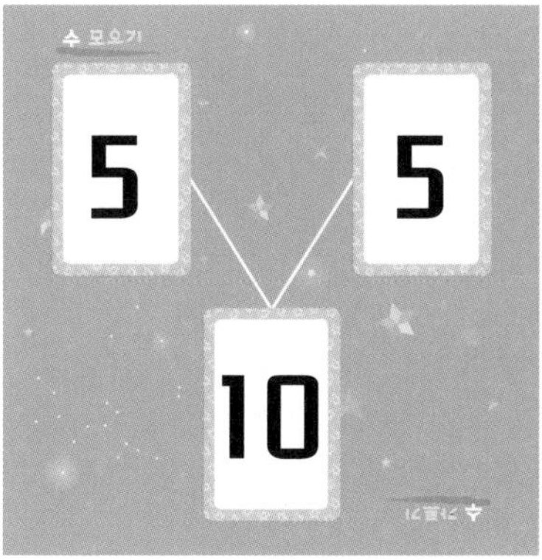
수 모으기
5
5
10

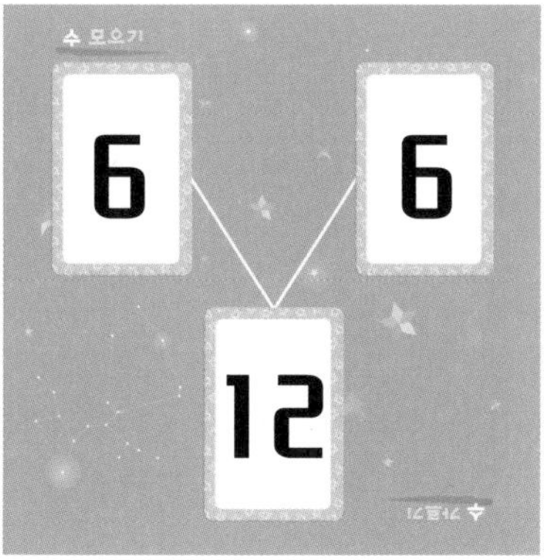
수 모으기
6
6
12

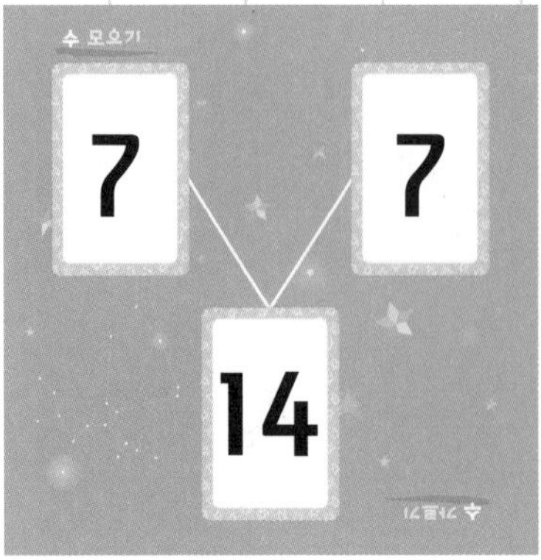
수 모으기
7
7
14
수 가르기

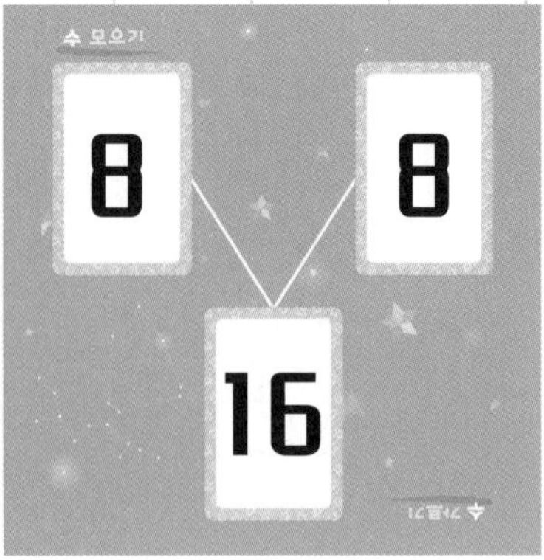
수 모으기
8
8
16
수 가르기

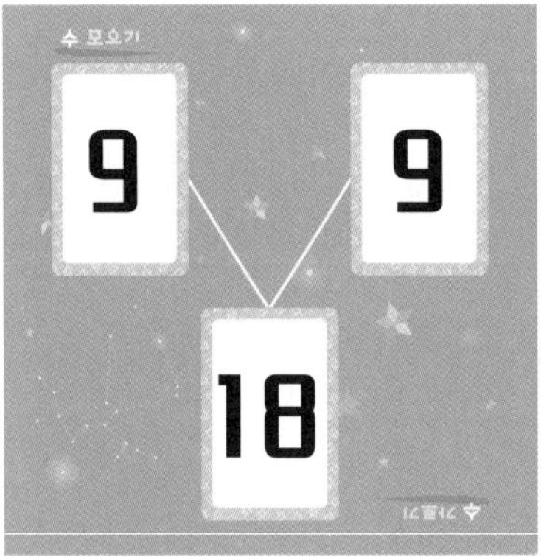
수 모으기
9
9
18
수 가르기

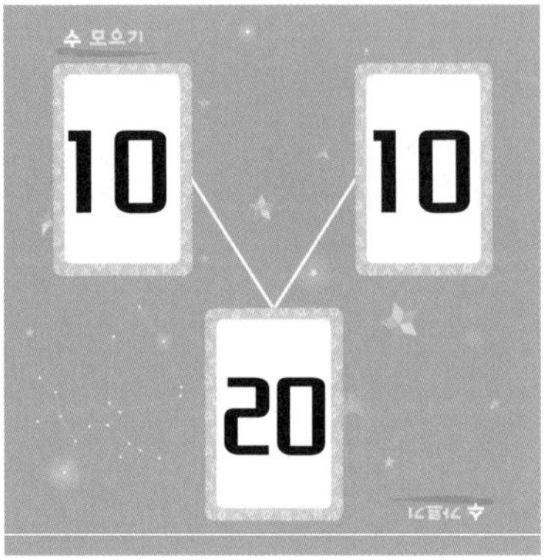
수 모으기
10
10
20
수 가르기

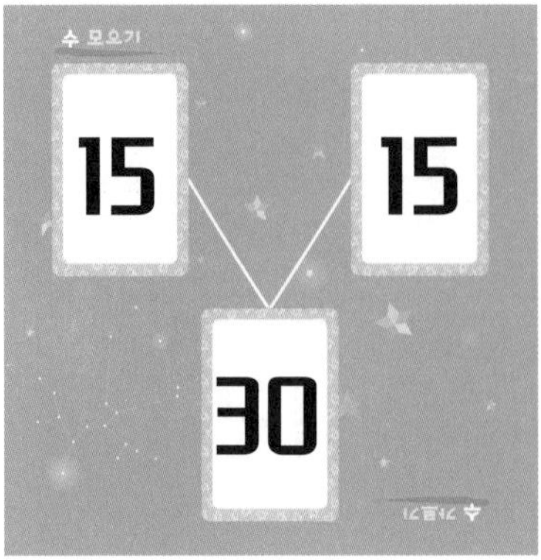
수 모으기
15
15
30
수 가르기

수 모으기
25
25
50
수 가르기

수 모으기
35
35
70
수 가르기

수 모으기
45
45
90
수 가르기

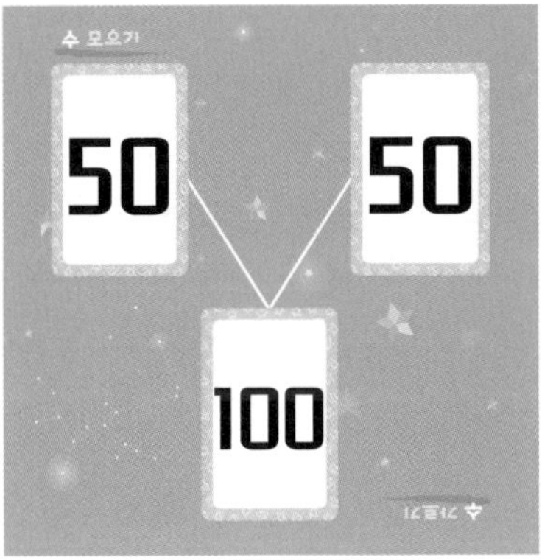
수 모으기
50
50
100
수 가르기

3장

아이와 함께하는 뺄셈 10단

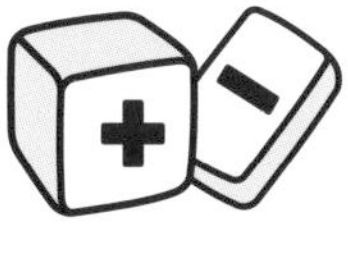

년 월 일

DAY-11 뺄셈 1단

2, 3, 4, 4에서 1, 1, 1, 2 빼기

	1	2	3	4	
2-1	2	-1			=1
3-1	3		-1		=2
4-1	4			-1	=3
4-2	4		-2		=2

블록으로 만들기

준비물: 1블록 4개, 2블록 3개, 3블록 1개

1. 블록으로 2에서 1 빼기

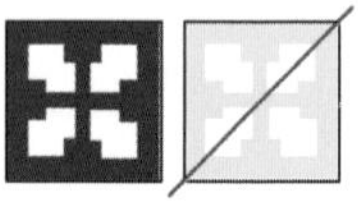

각각 다른 색의 1블록 2개가 끼워져 있는 2블록에서 1블록을 뺀다. '2-1(2 빼기 1)'을 말한 다음 아이에게 남은 블록의 개수 1을 말하게 한다.

2. 블록으로 3에서 1 빼기

2블록 1개와 1블록 1개가 끼워져 있는 3블록에서 1블록을 뺀다. '3-1'을 말한 다음 아이에게 남은 블록의 개수 2를 말하게 한다.

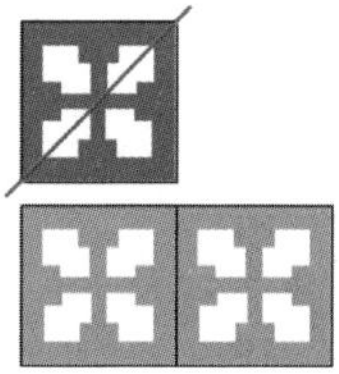

3. 블록으로 4에서 1 빼기

3블록 1개와 1블록 1개가 끼워져 있는 4블록에서 1블록을 뺀다. '4-1'을 말한 다음 아이에게 남은 블록의 개수 3을 말하게 한다.

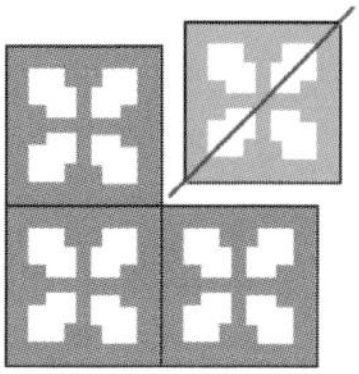

4. 블록으로 4에서 2 빼기

각각 다른 색의 2블록 2개가 끼워져 있는 4블록에서 2블록을 뺀다. '4-2'를 말한 다음 아이에게 남은 블록의 개수 2를 말하게 한다.

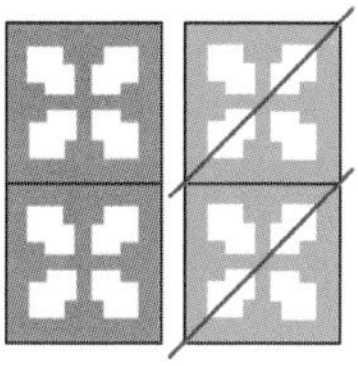

에그블록으로 만들기

준비물: 1에그블록 4개, 2에그블록 3개, 3에그블록 1개

1. 에그블록으로 2에서 1 빼기

1에그블록 2개가 있는 판에서 1에그블록을 뺀다. '2-1'을 말한 다음 아이에게 남은 1에그블록의 개수 1을 말하게 한다.

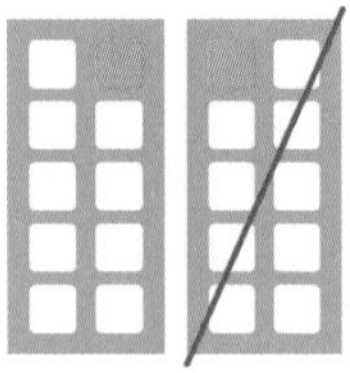

2. 에그블록으로 3에서 1 빼기

2에그블록과 1에그블록이 있는 판에서 1에그블록을 뺀다. '3-1'을 말한 다음 아이에게 남은 2에그블록의 개수 2를 말하게 한다.

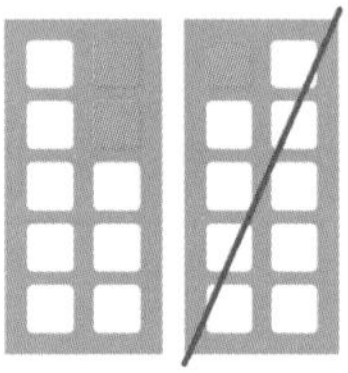

3. 에그블록으로 4에서 1 빼기

3에그블록과 1에그블록이 있는 판에서 1에그블록을 뺀다. '4-1'을 말한 다음 아이에게 남은 3에그블록의 개수 3을 말하게 한다.

4. 에그블록으로 4에서 2 빼기

2에그블록 2개가 있는 판에서 2에그블록을 뺀다. '4-2'를 말한 다음 아이에게 남은 2에그블록의 개수 2를 말하게 한다.

주사위로 만들기

준비물: 1주사위 4개, 2주사위 3개, 3주사위 1개

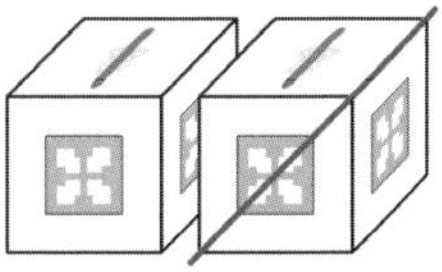

1. 1주사위 2개를 던진 후 아이에게 주사위의 합인 2를 말하게 한다. 1주사위 1개를 빼고 남은 1주사위를 보며 '2-1은 1'을 말하게 한다.

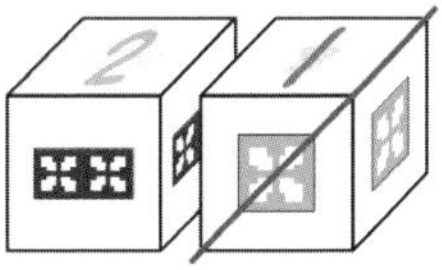

2. 2주사위와 1주사위를 던진 후 아이에게 주사위의 합인 3을 말하게 한다. 1주사위를 빼고 남은 2주사위를 보며 '3-1은 2'를 말하게 한다.

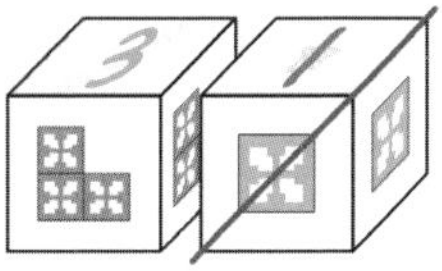

3. 3주사위와 1주사위를 던진 후 아이에게 주사위의 합인 4를 말하게 한다. 1주사위를 빼고 남은 3주사위를 보며 '4-1은 3'을 말하게 한다.

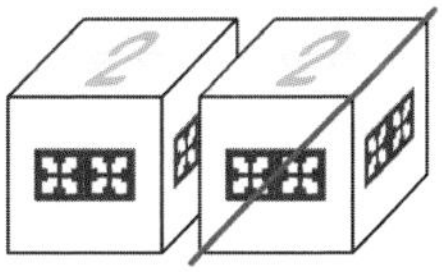

4. 2주사위 2개를 던진 후 아이에게 주사위의 합인 4를 말하게 한다. 2주사위 1개를 빼고 남은 2주사위를 보며 '4-2는 2'를 말하게 한다.

아이와 함께 블록으로 뺄셈 1단 해보기

빈칸을 색칠하고, 빼야 하는 숫자만큼 빗금을 긋는다. 뒷면에 있는 블록을 잘라 직접 손으로 만들고 빼본다.

2-1 =	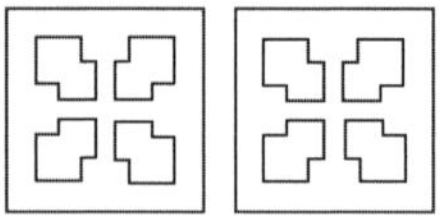
3-1 =	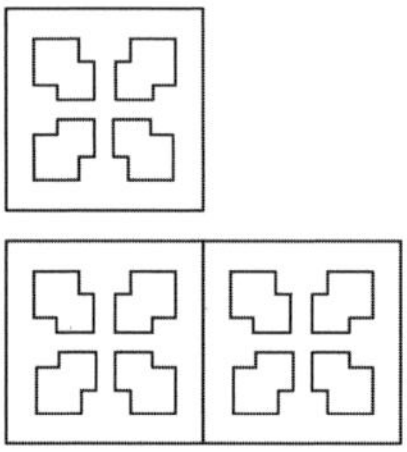
4-1 =	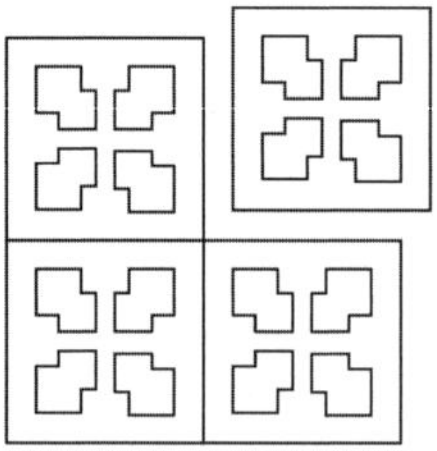
4-2 =	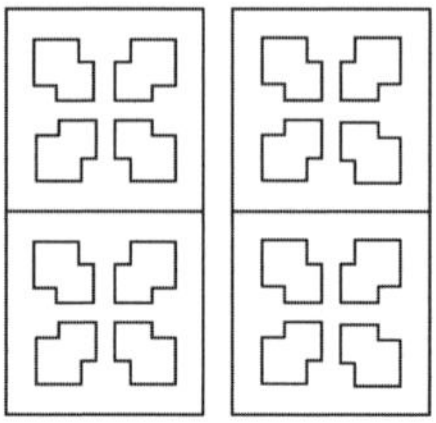

아이와 함께 에그블록으로 뺄셈 1단 해보기

빈칸을 색칠하고, 빼야 하는 숫자만큼 빗금을 긋는다. 뒷면에 있는 에그블록을 잘라 직접 손으로 만들고 빼본다.

2-1 =	
3-1 =	
4-1 =	
4-2 =	

DAY-12 뺄셈 2단

5 이하의 작은 동수 빼기

	1	2	3	4	5	6	7	8	9	10	
2-1	2	−1									=1
4-2	4		−2								=2
6-3	6			−3							=3
8-4	8				−4						=4
10-5	10					−5					=5

블록으로 만들기

준비물: 1블록 2개, 2블록 2개, 3블록 2개, 4블록 2개, 5블록 2개

1. 블록으로 2에서 1 빼기

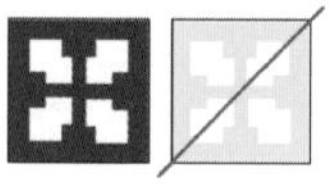

각각 다른 색의 1블록 2개가 끼워져 있는 2블록에서 1블록을 뺀다. '2-1'을 말한 다음 아이에게 남은 블록의 개수 1을 말하게 한다.

2. 블록으로 4에서 2 빼기

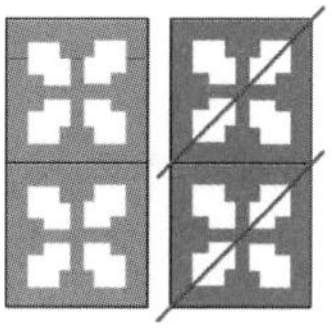

각각 다른 색의 2블록 2개가 끼워져 있는 4블록에서 2블록을 뺀다. '4-2'를 말한 다음 아이에게 남은 블록의 개수 2를 말하게 한다.

3. 블록으로 6에서 3 빼기

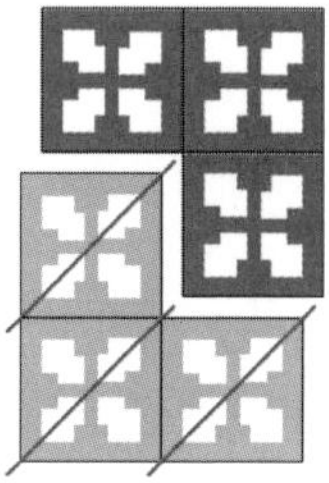

각각 다른 색의 3블록 2개가 끼워져 있는 6블록에서 3블록을 뺀다. '6-3'을 말한 다음 아이에게 남은 블록의 개수 3을 말하게 한다.

4. 블록으로 8에서 4 빼기

각각 다른 색의 4블록 2개가 끼워져 있는 8블록에서 4블록을 뺀다. '8-4'를 말한 다음 아이에게 남은 블록의 개수 4를 말하게 한다.

5. 블록으로 10에서 5 빼기

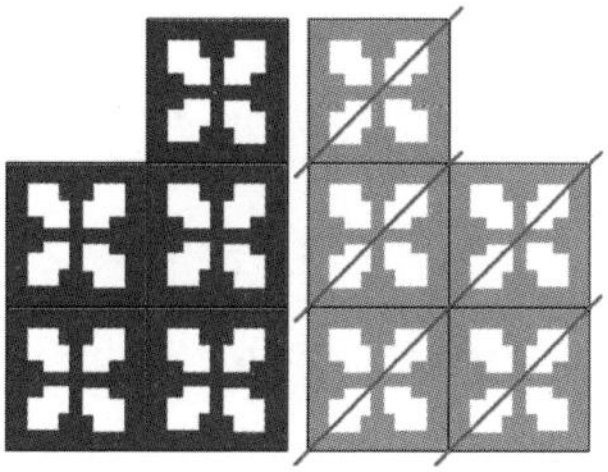

각각 다른 색의 5블록 2개가 끼워져 있는 10블록에서 5블록을 뺀다. '10-5'를 말한 다음 아이에게 남은 블록의 개수 5를 말하게 한다.

에그블록으로 만들기

준비물: 1에그블록 2개, 2에그블록 2개, 3에그블록 2개, 4에그블록 2개, 5에그블록 2개

1. 에그블록으로 2에서 1 빼기

1에그블록 2개가 있는 판에서 1에그블록을 뺀다. '2-1'을 말한 다음 아이에게 남은 에그블록의 개수 1을 말하게 한다.

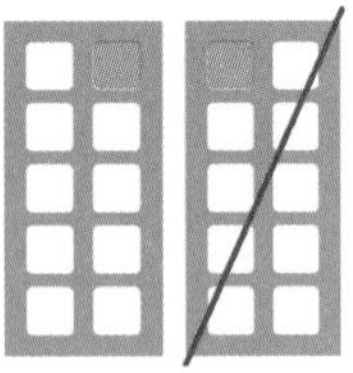

2. 에그블록으로 4에서 2 빼기

2에그블록 2개가 있는 판에서 2에그블록을 뺀다. '4-2'를 말한 다음 아이에게 남은 에그블록의 개수 2를 말하게 한다.

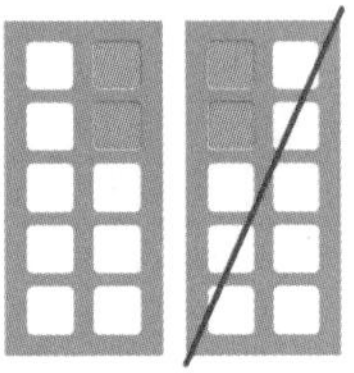

3. 에그블록으로 6에서 3 빼기

3에그블록 2개가 있는 판에서 3에그블록을 뺀다. '6-3'을 말한 다음 아이에게 남은 에그블록의 개수 3을 말하게 한다.

4. 에그블록으로 8에서 4 빼기

4에그블록 2개가 있는 판에서 4에그블록을 뺀다. '8-4'를 말한 다음 아이에게 남은 에그블록의 개수 4를 말하게 한다.

5. 에그블록으로 10에서 5 빼기

5에그블록 2개가 있는 판에서 5에그블록을 뺀다. '10-5'를 말한 다음 아이에게 남은 에그블록의 개수 5를 말하게 한다.

주사위로 만들기

준비물: 1주사위 2개, 2주사위 2개, 3주사위 2개, 4주사위 2개, 5주사위 2개

1. 1주사위 2개를 던진 후 아이에게 2를 말하게 한다. 주사위 1개를 빼고 남은 주사위를 보며 '2-1은 1'을 말하게 한다.

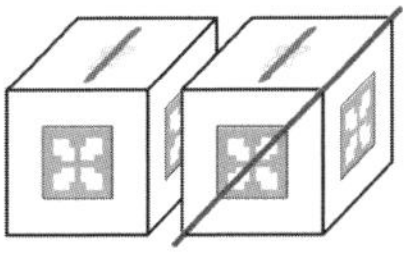

2. 2주사위 2개를 던진 후 4를 말하게 한다. 주사위 1개를 빼고 남은 주사위를 보며 '4-2는 2'를 말하게 한다.

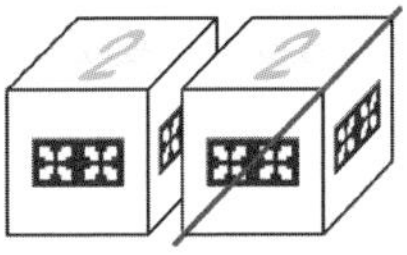

3. 3주사위 2개를 던진 후 6을 말하게 한다. 주사위 1개를 빼고 남은 주사위를 보며 '6-3은 3'을 말하게 한다.

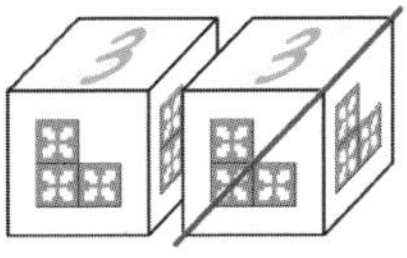

4. 4주사위 2개와 5주사위 2개도 같은 방식으로 던진 후 각 눈의 합을 말하게 한다. 그다음 주사위 1개씩을 빼고 남은 주사위를 보며 앞과 동일한 방법으로 말하게 한다.

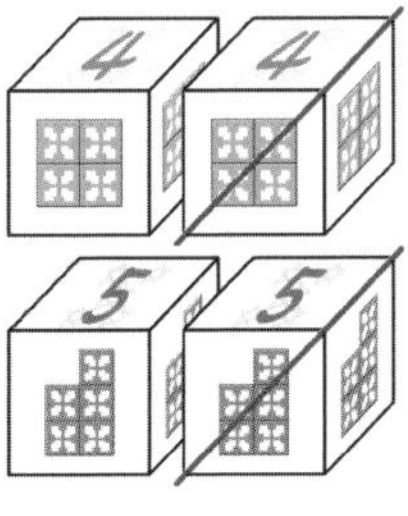

아이와 함께 블록으로 뺄셈 2단 해보기

빈칸을 색칠하고, 빼야 하는 숫자만큼 빗금을 긋는다. 뒷면에 있는 블록을 잘라 직접 손으로 만들고 빼본다.

2-1 =	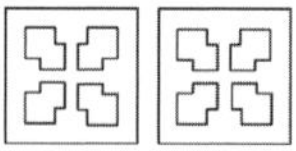
4-2 =	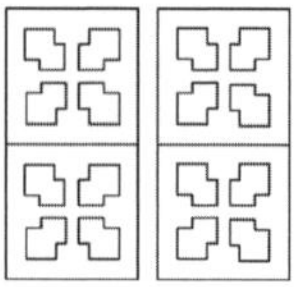
6-3 =	
8-4 =	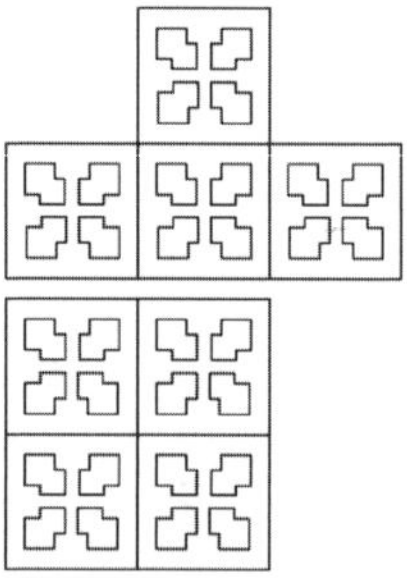
10-5 =	

아이와 함께 에그블록으로 뺄셈 2단 해보기

빈칸을 색칠하고, 빼야 하는 숫자만큼 빗금을 긋는다. 뒷면에 있는 에그블록을 잘라 직접 손으로 만들고 빼본다.

2-1 =	
4-2 =	
6-3 =	
8-4 =	
10-5 =	

년 월 일

DAY-13 뺄셈 3단

6, 7, 8, 9, 10에서 5 대장수 빼기

	1	2	3	4	5	6	7	8	9	10	
6-5	6	-5									=1
7-5	7		-5								=2
8-5	8			-5							=3
9-5	9				-5						=4
10-5	10					-5					=5

블록으로 만들기

준비물: 1블록 1개, 2블록 1개, 3블록 1개, 4블록 1개, 5블록 6개

1. 블록으로 6에서 5 빼기

5블록과 1블록이 끼워져 있는 6블록에서 5블록을 뺀다. '6-5'를 말한 다음 아이에게 남은 블록의 개수 1을 말하게 한다.

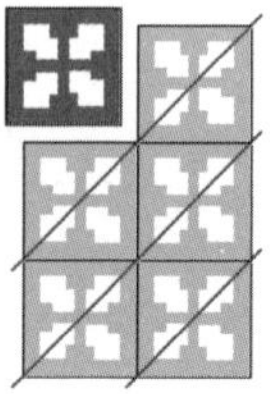

2. 블록으로 7에서 5 빼기

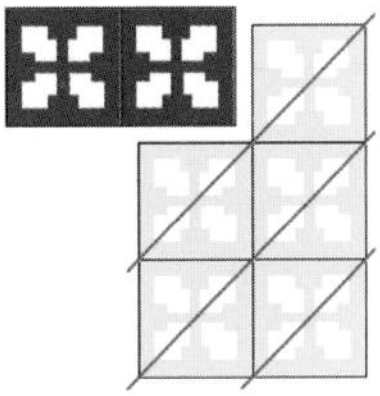

5블록과 2블록이 끼워져 있는 7블록에서 5블록을 뺀다. '7-5'를 말한 다음 아이에게 남은 블록의 개수 2를 말하게 한다.

3. 블록으로 8에서 5 빼기

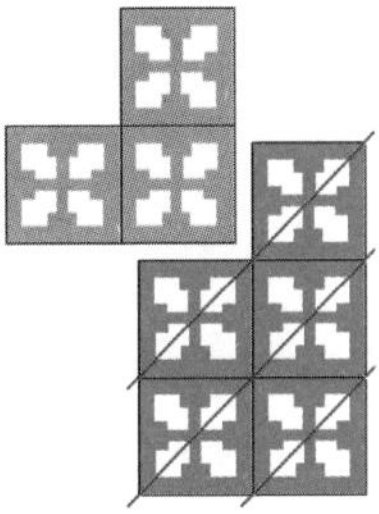

5블록과 3블록이 끼워져 있는 8블록에서 5블록을 뺀다. '8-5'를 말한 다음 아이에게 남은 블록의 개수 3을 말하게 한다.

4. 블록으로 9에서 5 빼기

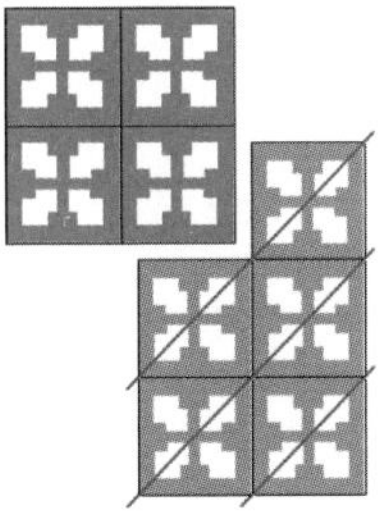

5블록과 4블록이 끼워져 있는 9블록에서 5블록을 뺀다. '9-5'를 말한 다음 아이에게 남은 블록의 개수 4를 말하게 한다.

5. 블록으로 10에서 5 빼기

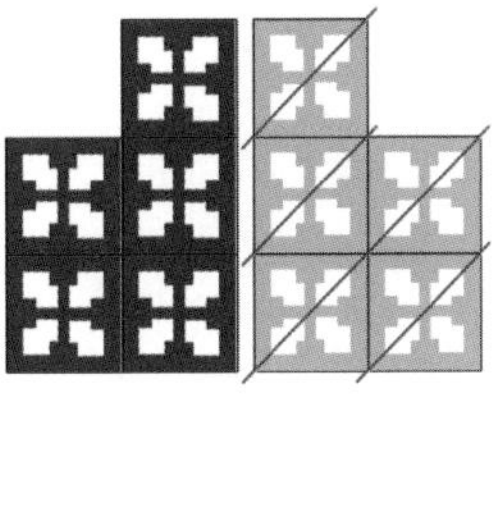

각각 다른 색의 5블록 2개가 끼워져 있는 10블록에서 5블록을 뺀다. '10-5'를 말한 다음 아이에게 남은 블록의 개수 5를 말하게 한다.

에그블록으로 만들기

준비물: 1에그블록 1개, 2에그블록 1개, 3에그블록 1개, 4에그블록 1개, 5에그블록 6개

1. 에그블록으로 6에서 5 빼기

5에그블록과 1에그블록이 있는 판에서 5에그블록을 뺀다. '6-5'를 말한 다음 아이에게 남은 1에그블록의 개수 1을 말하게 한다.

2. 에그블록으로 7에서 5 빼기

5에그블록과 2에그블록이 있는 판에서 5에그블록을 뺀다. '7-5'를 말한 다음 아이에게 남은 2에그블록의 개수 2를 말하게 한다.

3. 에그블록으로 8에서 5 빼기

5에그블록과 3에그블록이 있는 판에서 5에그블록을 뺀다. '8-5'를 말한 다음 아이에게 남은 3에그블록의 개수 3을 말하게 한다.

4. 에그블록으로 9에서 5 빼기

5에그블록과 4에그블록이 있는 판에서 5에그블록을 뺀다. '9-5'를 말한 다음 아이에게 남은 4에그블록의 개수 4를 말하게 한다.

5. 에그블록으로 10에서 5 빼기

5에그블록 2개가 있는 판에서 5에그블록 1개를 뺀다. '10-5'를 말한 다음 아이에게 남은 5에그블록의 개수 5를 말하게 한다.

주사위로 만들기

준비물: 1주사위 1개, 2주사위 1개, 3주사위 1개, 4주사위 1개, 5주사위 2개

1. 1주사위와 5주사위를 던진 후 아이에게 6을 말하게 한다. 5주사위를 빼고 남은 1주사위를 보며 '6-5는 1'을 말하게 한다.

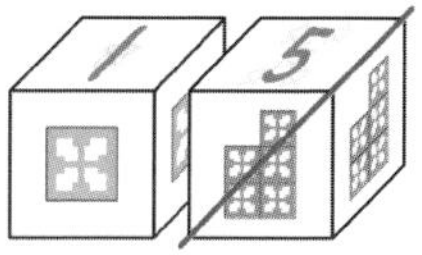

2. 2주사위와 5주사위를 던진 후 아이에게 7을 말하게 한다. 5주사위를 빼고 남은 2주사위를 보며 '7-5는 2'를 말하게 한다.

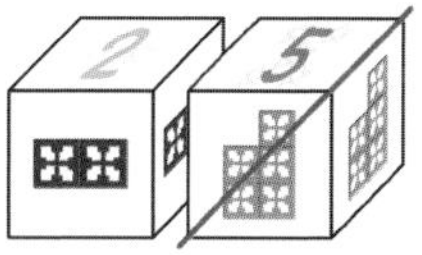

3. 3주사위와 5주사위를 던진 후 아이에게 8을 말하게 한다. 5주사위를 빼고 남은 3주사위를 보며 '8-5는 3'을 말하게 한다.

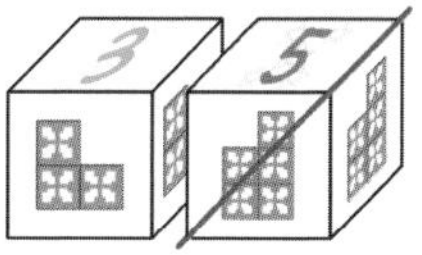

4. 4주사위와 5주사위를 던진 후 아이에게 9를 말하게 한다. 5주사위를 빼고 남은 4주사위를 보며 '9-5는 4'를 말하게 한다.

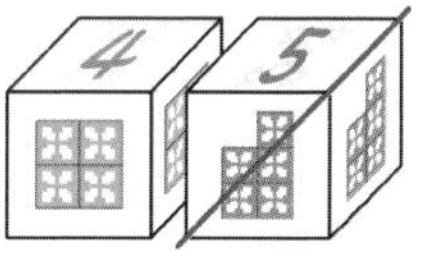

5. 5주사위 2개를 던진 후 앞과 동일한 방법으로 진행한다.

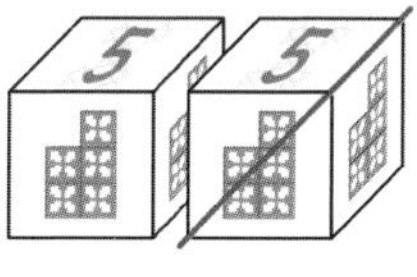

아이와 함께 블록으로 뺄셈 3단 해보기

빈칸을 색칠하고, 빼야 하는 숫자만큼 빗금을 긋는다. 뒷면에 있는 블록을 잘라 직접 손으로 만들고 빼본다.

6-5 =	
7-5 =	
8-5 =	
9-5 =	
10-5 =	

아이와 함께 에그블록으로 뺄셈 3단 해보기

빈칸을 색칠하고, 빼야 하는 숫자만큼 빗금을 긋는다. 뒷면에 있는 에그블록을 잘라 직접 손으로 만들고 빼본다.

6-5 =	
7-5 =	
8-5 =	
9-5 =	
10-5 =	

년 월 일

DAY-14 뺄셈 4단

6 이상 10 이하의 큰 동수 빼기

	1	2	3	4	5	6	7	8	9	10	11	12	13	14	15	16	17	18	19	20	
12-6	12						-6														=6
14-7	14							-7													=7
16-8	16								-8												=8
18-9	18									-9											=9
20-10	20										-10										=10

블록으로 만들기

준비물: 6블록 2개, 7블록 2개, 8블록 2개, 9블록 2개, 10블록 2개

1. 블록으로 12-6=6 만들기

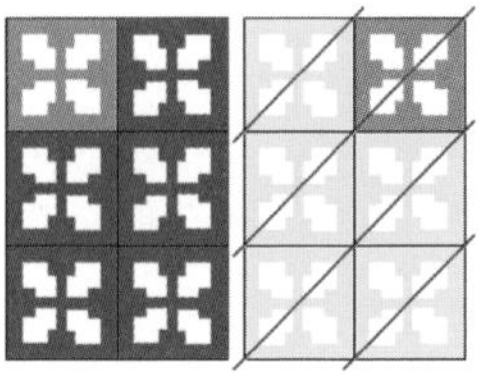

6블록 2개 12블록에서 반인 6블록을 빼며 '12-6'을 말하고 남은 블록의 개수 6을 말하게 한다.

2. 블록으로 14-7=7 만들기

7블록 2개 14블록에서 반인 7블록을 빼며 '14-7'을 말하고 남은 블록의 개수 7을 말하게 한다.

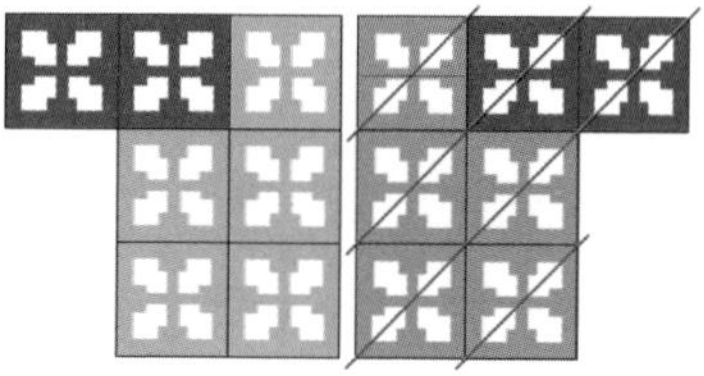

3. 블록으로 16-8=8 만들기

8블록 2개 16블록에서 반인 8블록을 빼며 '16-8'을 말하고 남은 블록의 개수 8을 말하게 한다.

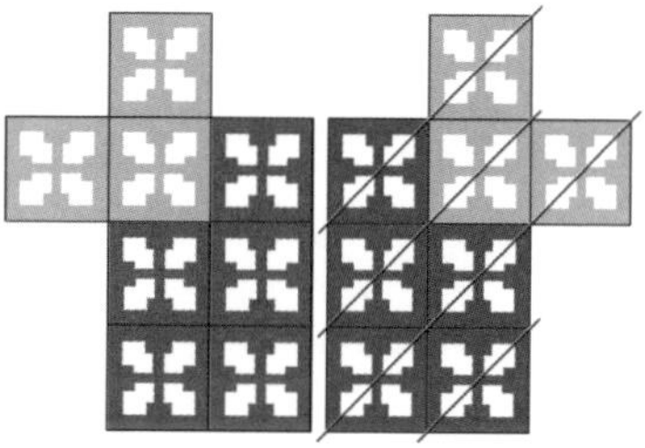

4. 블록으로 18-9=9 만들기

9블록 2개 18블록에서 반인 9블록을 빼며 '18-9'를 말하고 남은 블록의 개수 9를 말하게 한다.

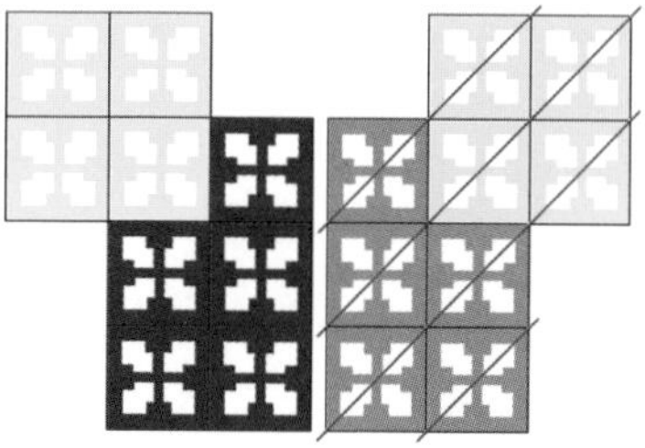

5. 블록으로 20-10=10 만들기

10블록 2개 20블록에서 반인 10블록을 빼며 '20-10'을 말하고 블록의 개수 10을 말하게 한다.

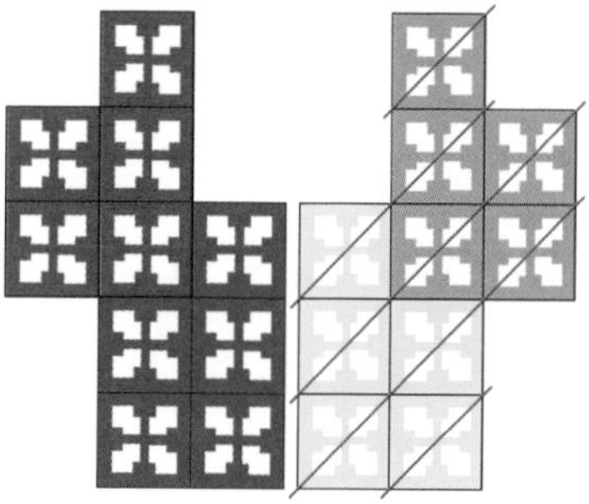

에그블록으로 만들기

준비물: 6에그블록 2개, 7에그블록 2개, 8에그블록 2개, 9에그블록 2개, 10에그블록 2개

1. 에그블록으로 12-6=6 만들기

6에그블록이 있는 판 2개에서 6에그블록을 뺀 다음 남은 에그블록을 보며 '12-6은 6'을 말하게 한다.

2. 에그블록으로 14-7=7 만들기

7에그블록이 있는 판 2개에서 7에그블록을 뺀 다음 남은 에그블록을 보며 '14-7은 7'을 말하게 한다.

3. 에그블록으로 16-8=8 만들기

8에그블록이 있는 판 2개에서 8에그블록을 뺀 다음 남은 에그블록을 보며 '16-8은 8'을 말하게 한다.

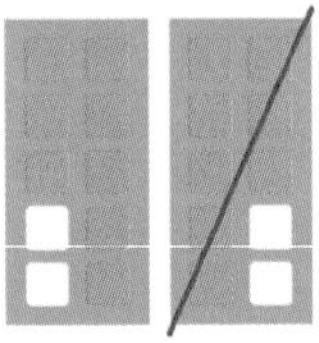

4. 에그블록으로 18-9=9 만들기

9에그블록이 있는 판 2개에서 9에그블록을 뺀 다음 남은 에그블록을 보며 '18-9는 9'를 말하게 한다.

5. 에그블록으로 20-10=10 만들기

10에그블록이 있는 판 2개에서 10에그블록을 뺀 다음 남은 에그블록을 보며 '20-10은 10'을 말하게 한다.

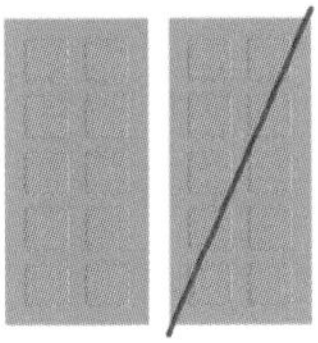

주사위로 만들기

준비물: 1주사위 2개, 2주사위 2개, 3주사위 2개, 4주사위 2개, 5주사위 4개

1. 5와 1로 6주사위를 만들어 2세트를 던지고 12임을 말하게 한다. 6주사위 1세트를 빼고 남은 6주사위를 보며 '12-6은 6'을 말하게 한다.

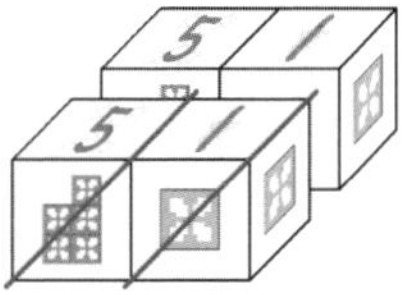

2. 5와 2로 6주사위를 만들어 2세트를 던지고 14임을 말하게 한다. 7주사위 1세트를 빼고 남은 7주사위를 보며 '14-7은 7'을 말하게 한다.

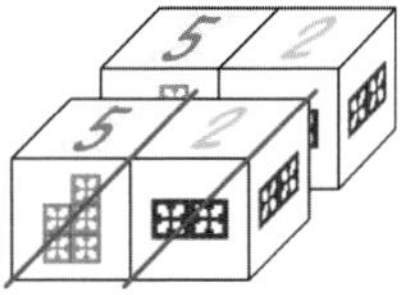

3. 5와 4로 8주사위를 만들어 2세트를 던지고 16임을 말하게 한다. 8주사위 1세트를 빼고 남은 8주사위를 보며 '16-8은 8'을 말하게 한다.

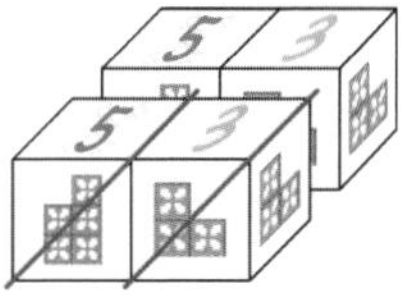

4. 5와 4로 9주사위를 만들어 2세트를 던지고 18임을 말하게 한다. 9주사위 1세트를 빼고 남은 9주사위를 보며 '18-9는 9'를 말하게 한다.

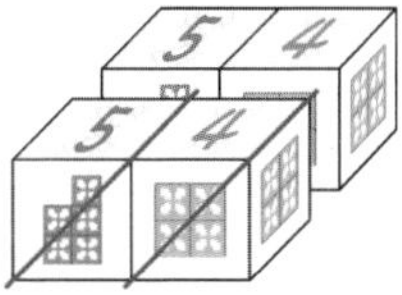

5. 5와 5로 10주사위를 만들어 2세트를 던지고 20임을 말하게 한다. 10주사위 1세트를 빼고 남은 10주사위를 보며 '20-10은 10'을 말하게 한다.

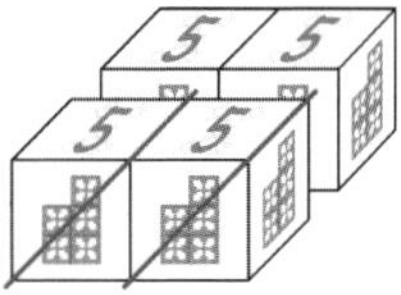

빈칸을 색칠하고, 빼야 하는 숫자만큼 빗금을 긋는다. 뒷면에 있는 블록을 잘라 직접 손으로 만들고 빼본다.

12-6 =	
14-7 =	
16-8 =	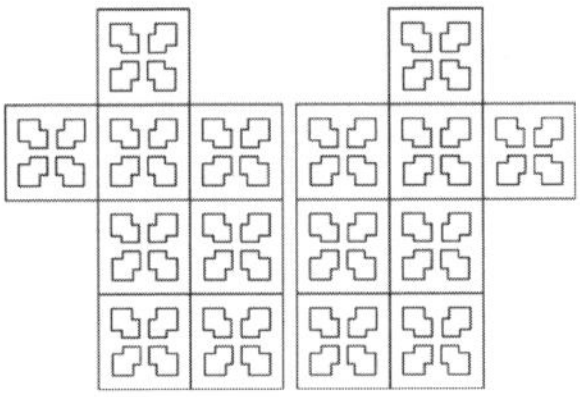
18-9 =	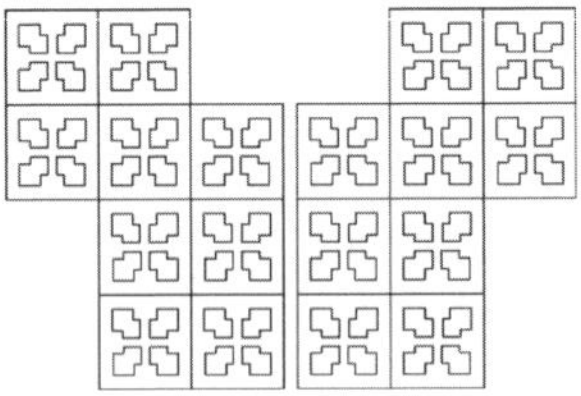
20-10 =	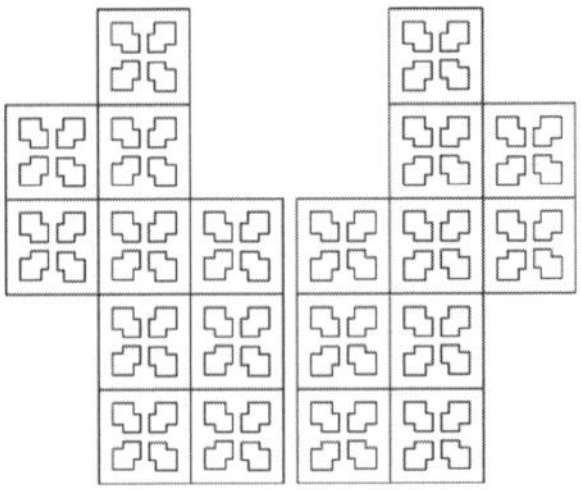

아이와 함께 에그블록으로 뺄셈 4단 해보기

빈칸을 색칠하고, 빼야 하는 숫자만큼 빗금을 긋는다. 뒷면에 있는 에그블록을 잘라 직접 손으로 만들고 빼본다.

12-6 =	
14-7 =	
16-8 =	
18-9 =	
20-10 =	

년 월 일

DAY-15 뺄셈 5단

5에서 갈라 빼기

	1	2	3	4	5	
5-1	5				-1	= 4
5-2	5			-2		= 3
5-3	5		-3			= 2
5-4	5	-4				= 1

블록으로 만들기

준비물: 1블록 2개, 2블록 2개, 3블록 2개, 4블록 2개

1. 블록으로 5에서 1 빼기

4+1인 5블록에서 1블록을 빼며 '5-1'을 말하고 블록의 개수 4를 말하게 한다.

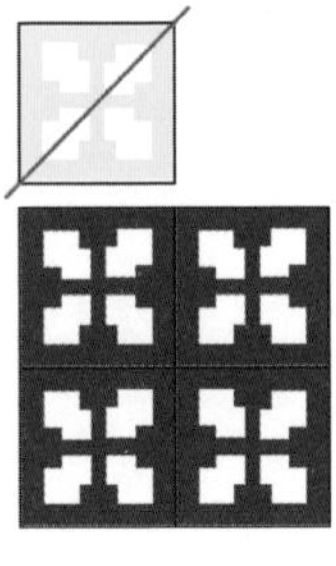

2. 블록으로 5에서 2 빼기

3+2인 5블록에서 2블록을 빼며 '5-2'를 말하고 블록의 개수 3을 말하게 한다.

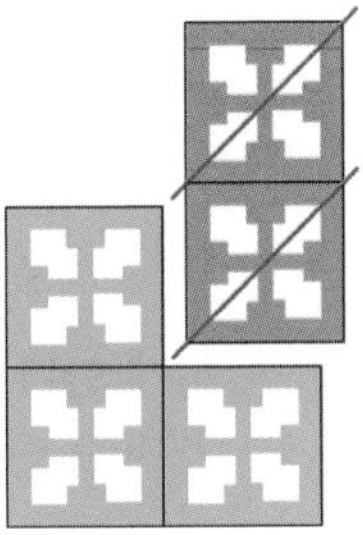

3. 블록으로 5에서 3 빼기

2+3인 5블록에서 3블록을 빼며 '5-3'을 말하고 블록의 개수 2를 말하게 한다.

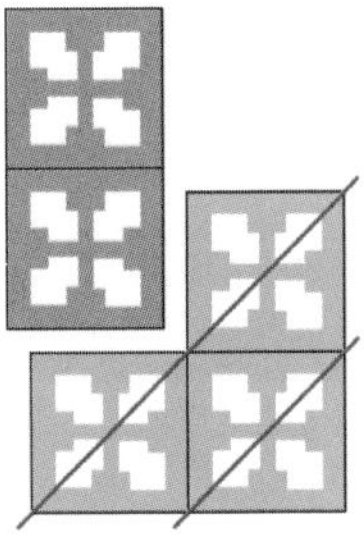

4. 블록으로 5에서 4 빼기

4+1인 5블록에서 4블록을 빼며 '5-4'를 말하고 블록의 개수 1을 말하게 한다.

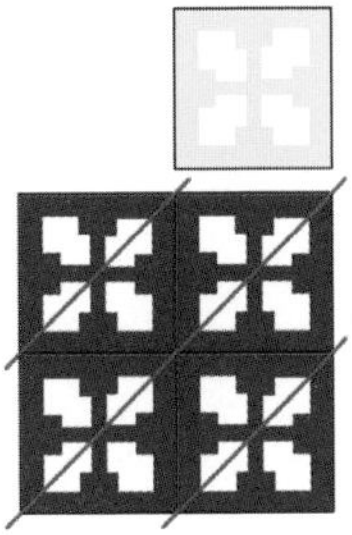

에그블록으로 만들기

준비물: 1에그블록 2개, 2에그블록 2개, 3에그블록 2개, 4에그블록 2개

1. 에그블록으로 5에서 1 빼기

4에그블록과 1에그블록이 있는 판에서 1에그블록을 빼며 '5-1'을 말한 다음 남은 에그블록의 개수 4를 말하게 한다.

2. 에그블록으로 5에서 2 빼기

3에그블록과 2에그블록이 있는 판에서 2에그블록을 빼며 '5-2'를 말한 다음 남은 에그블록의 개수 3을 말하게 한다.

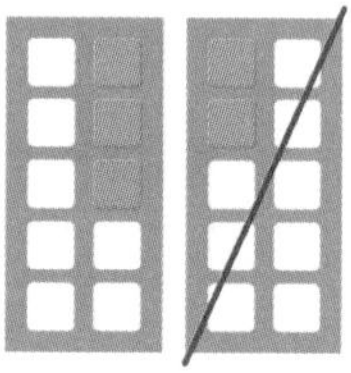

3. 에그블록으로 5에서 3 빼기

2에그블록과 3에그블록이 있는 판에서 3에그블록을 빼며 '5-3'을 말한 다음 남은 에그블록의 개수 2를 말하게 한다.

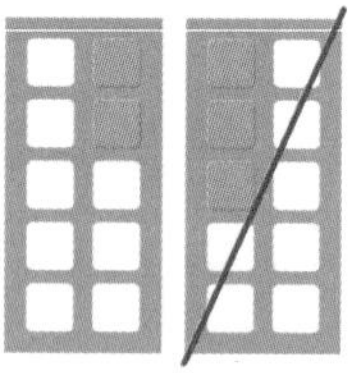

4. 에그블록으로 5에서 4 빼기

1에그블록과 4에그블록이 있는 판에서 4에그블록을 빼며 '5-4'를 말한 다음 남은 에그블록의 개수인 1을 말하게 한다.

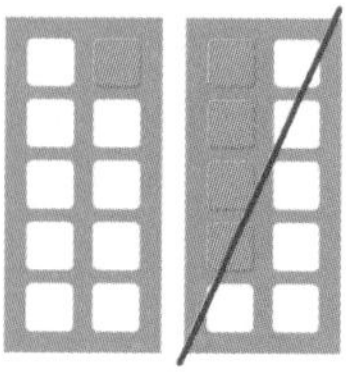

주사위로 만들기

준비물: 1주사위 1개, 2주사위 1개, 3주사위 1개, 4주사위 1개

1. 4, 1주사위를 던져 '4+1=5'임을 말하게 한 후 1주사위를 빼고 남은 4주사위를 보며 '5-1=4'를 말하게 한다.

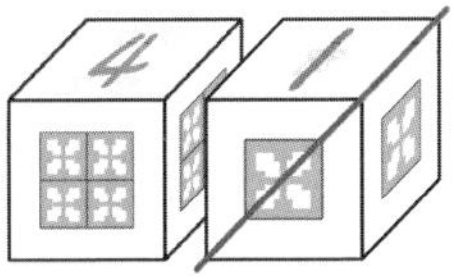

2. 3, 2주사위를 던져 '3+2=5'임을 말하게 한 후 2주사위를 빼고 남은 3주사위를 보며 '5-2=3'을 말하게 한다.

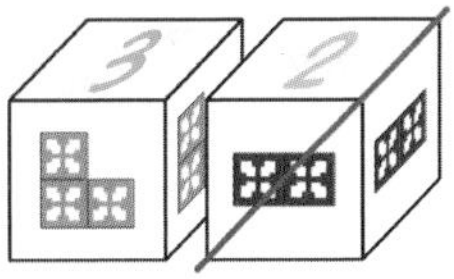

3. 2, 3주사위를 던져 '2+3=5'임을 말하게 한 후 3주사위를 빼고 남은 2주사위를 보며 '5-3=2'를 말하게 한다.

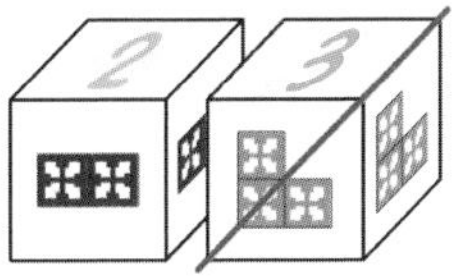

4. 1, 4주사위를 던져 '1+4=5'임을 말하게 한 후 4주사위를 빼고 남은 1주사위를 보며 '5-4=1'을 말하게 한다.

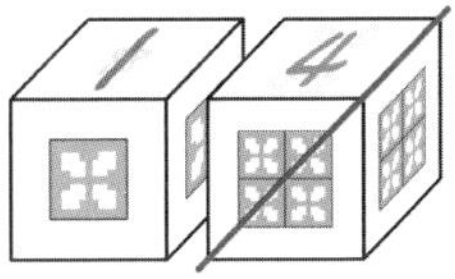

아이와 함께 블록으로 뺄셈 5단 해보기

빈칸을 색칠하고, 빼야 하는 숫자만큼 빗금을 긋는다. 뒷면에 있는 블록을 잘라 직접 손으로 만들고 빼본다.

5-1 =	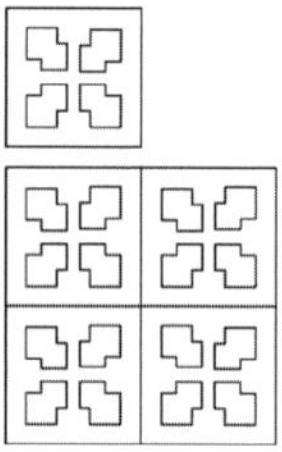
5-2 =	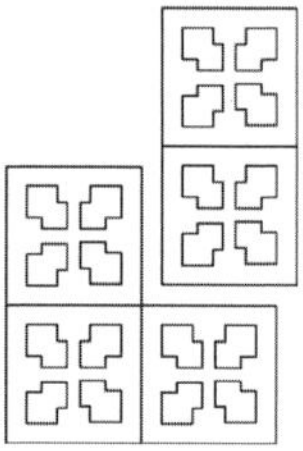
5-3 =	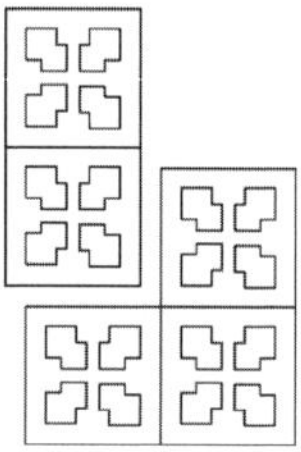
5-4 =	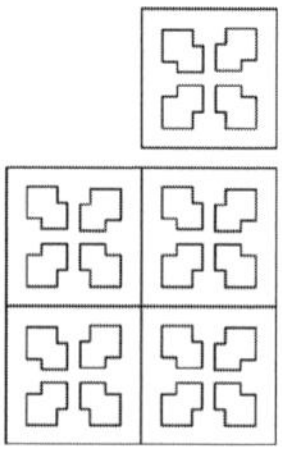

아이와 함께 에그블록으로 뺄셈 5단 해보기

빈칸을 색칠하고, 빼야 하는 숫자만큼 빗금을 긋는다. 뒷면에 있는 에그블록을 잘라 직접 손으로 만들고 빼본다.

5-1 =	
5-2 =	
5-3 =	
5-4 =	

년 월 일

DAY-16 뺄셈 6단

6에서 갈라 빼기

	1	2	3	4	5	6	
6-1	6					-1	= 5
6-2	6				-2		= 4
6-3	6			-3			= 3
6-4	6		-4				= 2
6-5	6	-5					= 1

블록으로 만들기

준비물: 1블록 2개, 2블록 2개, 3블록 2개, 4블록 3개, 5블록 2개

1. 블록으로 6에서 1 빼기

5+1인 6블록에서 1블록을 빼며 '6-1'을 말하고 블록의 개수 5를 말하게 한다.

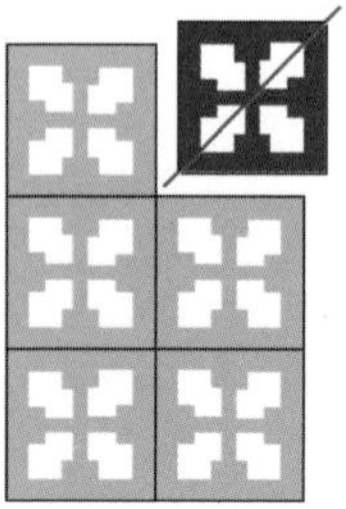

2. 블록으로 6에서 2 빼기

4+2인 6블록에서 2블록을 빼며 '6-2'를 말하고 블록의 개수 4를 말하게 한다.

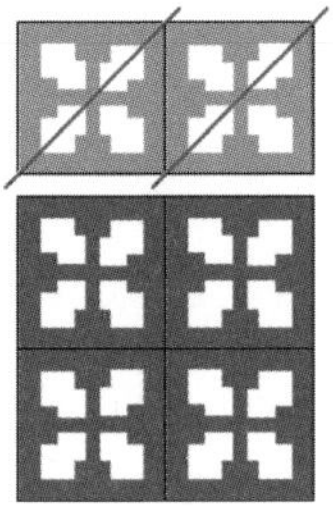

3. 블록으로 6에서 3 빼기

3+3인 6블록에서 3블록을 빼며 '6-3'을 말하고 블록의 개수 3을 말하게 한다.

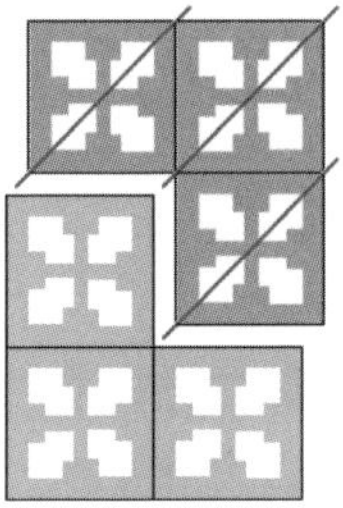

4. 블록으로 6에서 4 빼기

2+4인 6블록에서 4블록을 빼며 '6-4'를 말하고 블록의 개수 2를 말하게 한다.

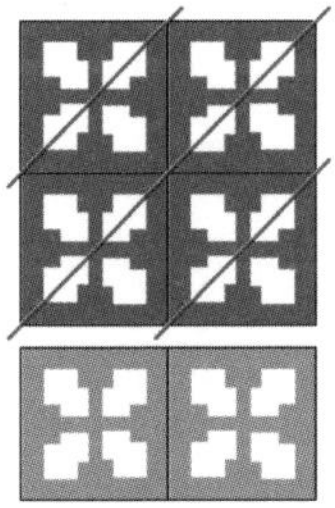

5. 블록으로 6에서 5 빼기

1+5인 6블록에서 5블록을 빼며 '6-5'를 말하고 블록의 개수 1을 말하게 한다.

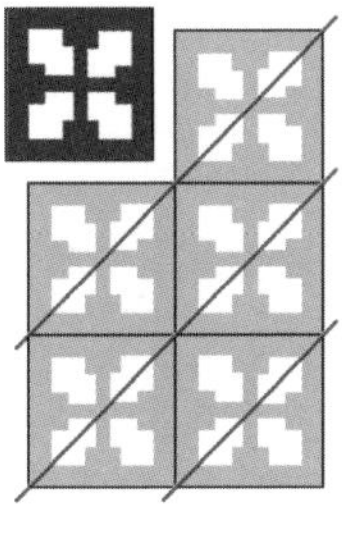

에그블록으로 만들기

준비물: 1에그블록 2개, 2에그블록 2개, 3에그블록 2개, 4에그블록 2개, 5에그블록 2개

1. 에그블록으로 6에서 1 빼기

5에그블록과 1에그블록이 있는 판에서 1에그블록을 뺀다. '6-1'을 말한 다음 남은 에그블록의 개수 5를 말하게 한다.

2. 에그블록으로 6에서 2 빼기

4에그블록과 2에그블록이 있는 판에서 2에그블록을 뺀다. '6-2'를 말한 다음 아이에게 남은 에그블록의 개수 4를 말하게 한다.

3. 에그블록으로 6에서 3 빼기

3에그블록이 있는 판 2개에서 3에그블록을 뺀다. '6-3'을 말한 다음 아이에게 남은 에그블록의 개수 3을 말하게 한다.

4. 에그블록으로 6에서 4 빼기

2에그블록과 4에그블록이 있는 판에서 4에그블록을 뺀다. '6-4'를 말한 다음 아이에게 남은 에그블록의 개수 2를 말하게 한다.

5. 에그블록으로 6에서 5 빼기

1에그블록과 5에그블록이 있는 판에서 5에그블록을 뺀다. '6-5'를 말한 다음 아이에게 남은 에그블록의 개수 1을 말하게 한다.

주사위로 만들기

준비물: 1주사위 2개, 2주사위 2개, 3주사위 2개, 4주사위 2개, 5주사위 2개

1. 5, 1주사위를 던져 '5+1=6'임을 말하게 한 후 1주사위를 빼고 남은 5주사위를 보며 '6-1=5'를 말하게 한다.

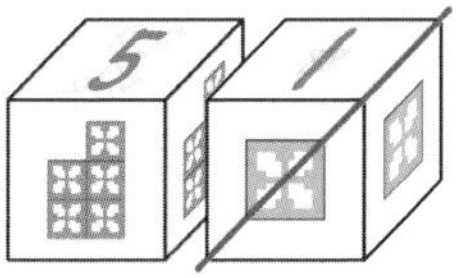

2. 4, 2주사위를 던져 '4+2=6'임을 말하게 한 후 2주사위를 빼고 남은 4주사위를 보며 '6-2=4'를 말하게 한다.

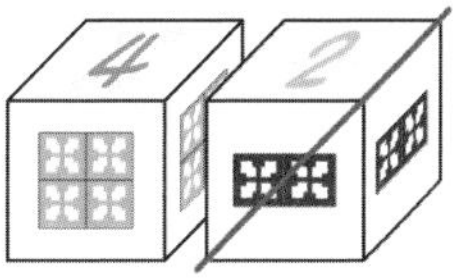

3. 3주사위 2개를 던져 '3+3=6'임을 말하게 한 후 3주사위를 빼고 남은 3주사위를 보며 '6-3=3'을 말하게 한다.

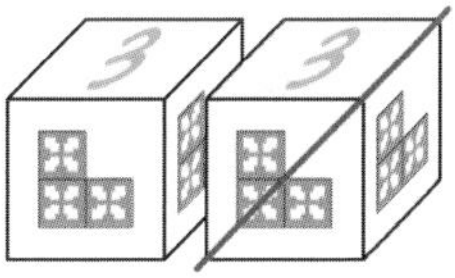

4. 2, 4주사위를 던져 '2+4=6'임을 말하게 한 후 4주사위를 빼고 남은 2주사위를 보며 '6-4=2'를 말하게 한다.

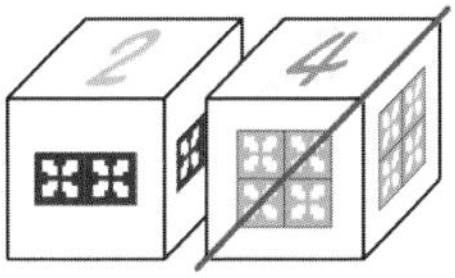

5. 1, 5주사위를 던져 '1+5=6'임을 말하게 한 후 5주사위를 빼고 남은 1주사위를 보며 '6-5=1'을 말하게 한다.

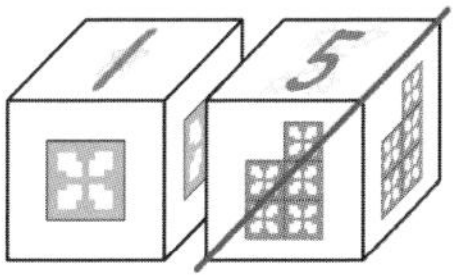

아이와 함께 블록으로 뺄셈 6단 해보기

빈칸을 색칠하고, 빼야 하는 숫자만큼 빗금을 긋는다. 뒷면에 있는 블록을 잘라 직접 손으로 만들고 빼본다.

6-1 =	
6-2 =	
6-3 =	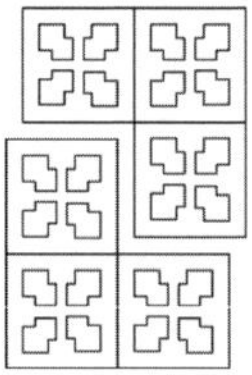
6-4 =	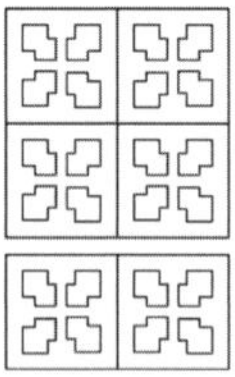
6-5 =	

아이와 함께 에그블록으로 뺄셈 6단 해보기

빈칸을 색칠하고, 빼야 하는 숫자만큼 빗금을 긋는다. 뒷면에 있는 에그블록을 잘라 직접 손으로 만들고 빼본다.

6-1 =	
6-2 =	
6-3 =	
6-4 =	
6-5 =	

DAY-17 뺄셈 7단

7에서 갈라 빼기

	1	2	3	4	5	6	7	
7-1	7						-1	= 6
7-2	7					-2		= 5
7-3	7				-3			= 4
7-4	7			-4				= 3
7-5	7		-5					= 2
7-6	7	-6						= 1

블록으로 만들기

준비물: 1블록 2개, 2블록 2개, 3블록 2개, 4블록 2개, 5블록 2개, 6블록 2개

1. 블록으로 7에서 1 빼기

6+1인 7블록에서 1블록을 빼며 '7-1'을 말하고 블록의 개수 6을 말하게 한다.

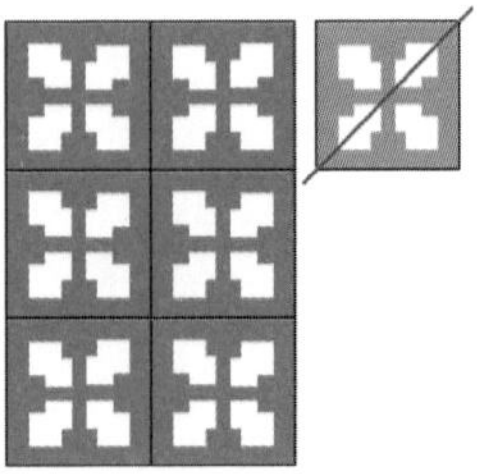

2. 블록으로 7에서 2 빼기

5+2인 7블록에서 2블록을 빼며 '7-2'를 말하고 블록의 개수 5를 말하게 한다.

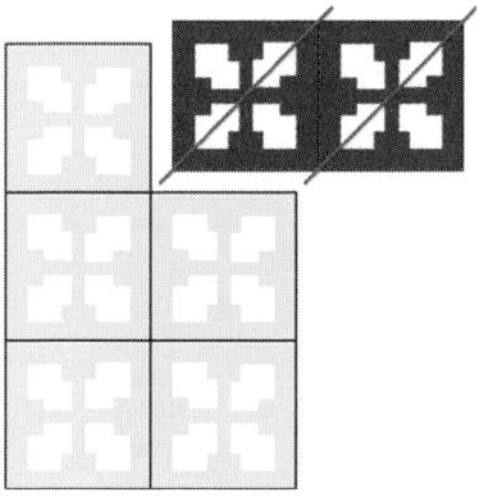

3. 블록으로 7에서 3 빼기

4+3인 7블록에서 3블록을 빼며 '7-3'을 말하고 블록의 개수 4를 말하게 한다.

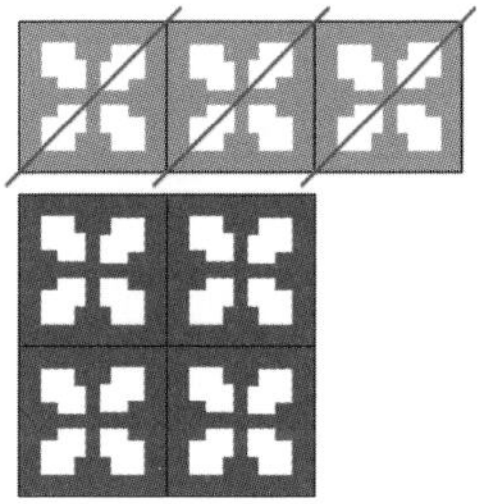

4. 블록으로 7에서 4 빼기

3+4인 7블록에서 4블록을 빼며 '7-4'를 말하고 블록의 개수 3을 말하게 한다.

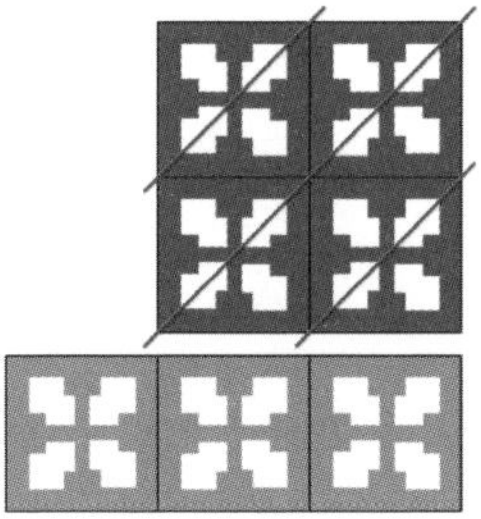

5. 블록으로 7에서 5 빼기

2+5인 7블록에서 5블록을 빼며 '7-5'를 말하고 블록의 개수 2를 말하게 한다.

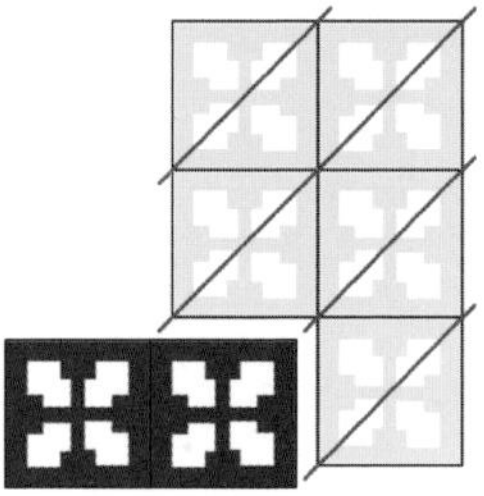

6. 블록으로 7에서 6 빼기

1+6인 7블록에서 6블록을 빼며 '7-6'을 말하고 블록의 개수 1을 말하게 한다.

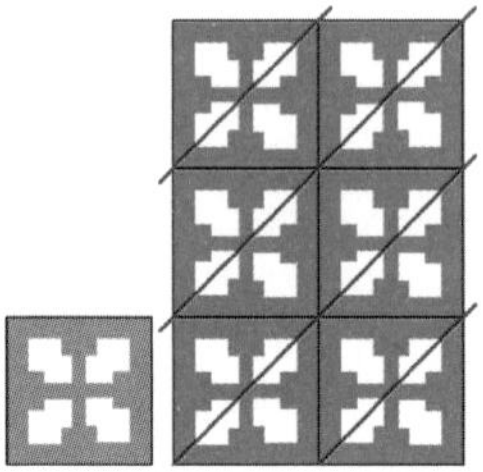

에그블록으로 만들기

준비물: 1에그블록 2개, 2에그블록 2개, 3에그블록 2개, 4에그블록 2개, 5에그블록 2개, 6에그블록 2개

1. 에그블록으로 7에서 1 빼기

6에그블록과 1에그블록이 있는 판에서 1에그블록을 뺀다. '7-1'을 말한 다음 남은 에그블록의 개수 6을 말하게 한다.

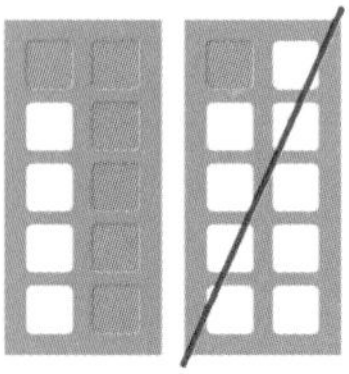

2. 에그블록으로 7에서 2 빼기

5에그블록과 2에그블록이 있는 판에서 2에그블록을 뺀다. '7-2'를 말한 다음 남은 에그블록의 개수 5를 말하게 한다.

3. 에그블록으로 7에서 3 빼기

4에그블록과 3에그블록이 있는 판에서 3에그블록을 뺀다. '7-3'를 말한 다음 남은 에그블록의 개수 4를 말하게 한다.

4. 에그블록으로 7에서 4 빼기

3에그블록과 4에그블록이 있는 판에서 4에그블록을 뺀다. '7-4'를 말한 다음 남은 에그블록의 개수 3을 말하게 한다.

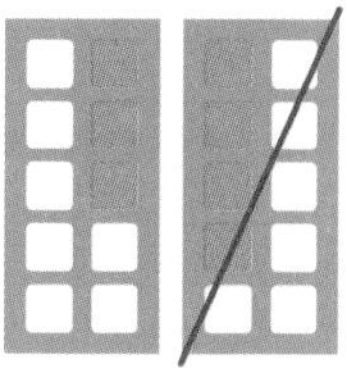

5. 에그블록으로 7에서 5 빼기

2에그블록과 5에그블록이 있는 판에서 5에그블록을 뺀다. '7-5'를 말한 다음 남은 에그블록의 개수 2를 말하게 한다.

6. 에그블록으로 7에서 6 빼기

1에그블록과 6에그블록이 있는 판에서 6에그블록을 뺀다. '7-6'을 말한 다음 아이에게 남은 에그블록의 개수 1을 말하게 한다.

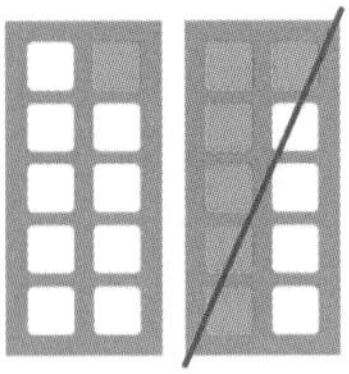

주사위로 만들기

준비물: 1주사위 2개, 2주사위 2개, 3주사위 2개, 4주사위 2개, 5주사위 2개, 6주사위 2개

1. 6, 1주사위를 던져 '6+1=7'임을 말하게 한 후 1주사위를 빼고 남은 6주사위를 보며 '7-1=6'을 말하게 한다.

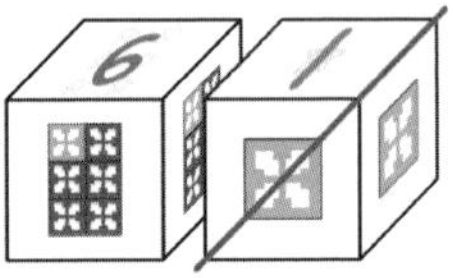

2. 5, 2주사위를 던져 '5+2=7'임을 말하게 한 후 2주사위를 빼고 남은 5주사위를 보며 '7-2=5'를 말하게 한다.

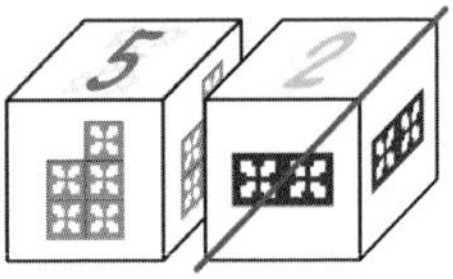

3. 4, 3주사위를 던져 '4+3=7'임을 말하게 한 후 3주사위를 빼고 남은 4주사위를 보며 '7-3=4'를 말하게 한다.

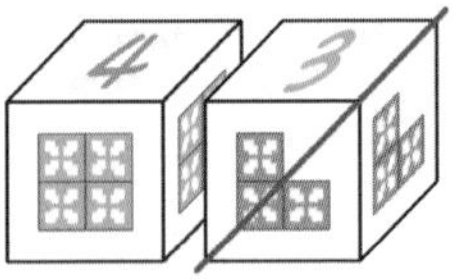

4. 3, 4주사위를 던져 '3+4=7'임을 말하게 한 후 4주사위를 빼고 남은 3주사위를 보며 '7-4=3'를 말하게 한다.

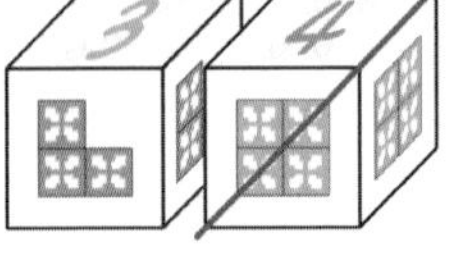

5. 2, 5주사위를 던져 '2+5=7'임을 말하게 한 후 5주사위를 빼고 남은 2주사위를 보며 '7-5=2'를 말하게 한다.

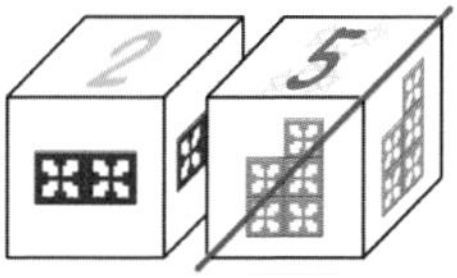

6. 1, 6주사위를 던져 '1+6=7'임을 말하게 한 후 6주사위를 빼고 남은 1주사위를 보며 '7-6=1'를 말하게 한다.

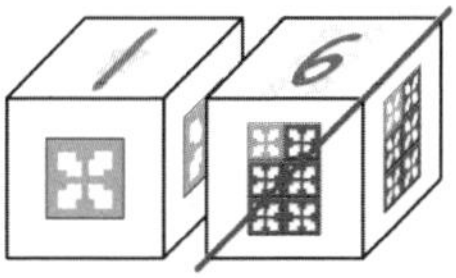

아이와 함께 블록으로 뺄셈 7단 해보기

1. 빈칸을 색칠하고, 빼야 하는 숫자만큼 빗금을 긋는다. 뒷면에 있는 블록을 잘라 직접 손으로 만들고 빼본다.

7-1 =	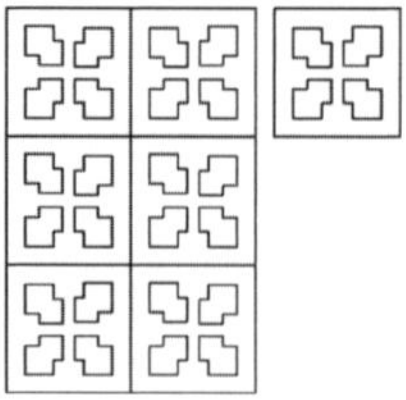
7-2 =	
7-3 =	
7-4 =	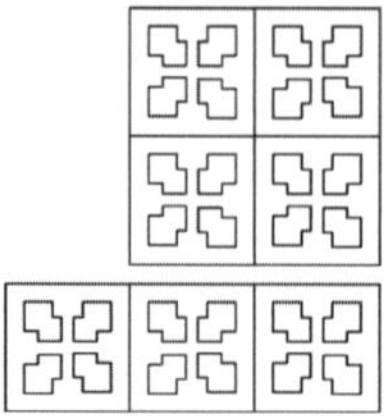

2. 7-5, 7-6도 동일한 방법으로 진행한다.

아이와 함께 에그블록으로 뺄셈 7단 해보기

1. 빈칸을 색칠하고, 빼야 하는 숫자만큼 빗금을 긋는다. 뒷면에 있는 에그블록을 잘라 직접 손으로 만들고 빼본다.

7-1 =	
7-2 =	
7-3 =	
7-4 =	

2. 7-5, 7-6도 동일한 방법으로 진행한다.

DAY-18 뺄셈 8단

8에서 갈라 빼기

	1	2	3	4	5	6	7	8	
8-1	8							-1	= 7
8-2	8						-2		= 6
8-3	8					-3			= 5
8-4	8				-4				= 4
8-5	8			-5					= 3
8-6	8		-6						= 2
8-7	8	-7							= 1

블록으로 만들기

준비물: 1블록 2개, 2블록 2개, 3블록 2개, 4블록 2개,
5블록 2개, 6블록 2개, 7블록 2개

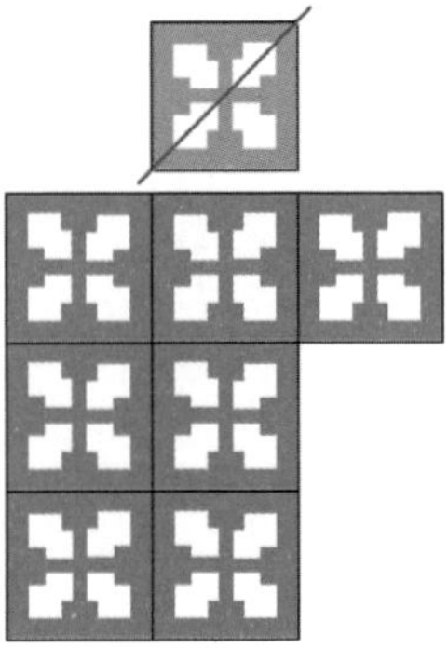

1. 블록으로 8에서 1 빼기

7+1인 8블록에서 1블록을 빼며 '8-1'을 말하고 블록의 개수 7을 말하게 한다.

2. 블록으로 8에서 2 빼기

6+2인 8블록에서 2블록을 빼며 '8-2'를 말하고 블록의 개수 6을 말하게 한다.

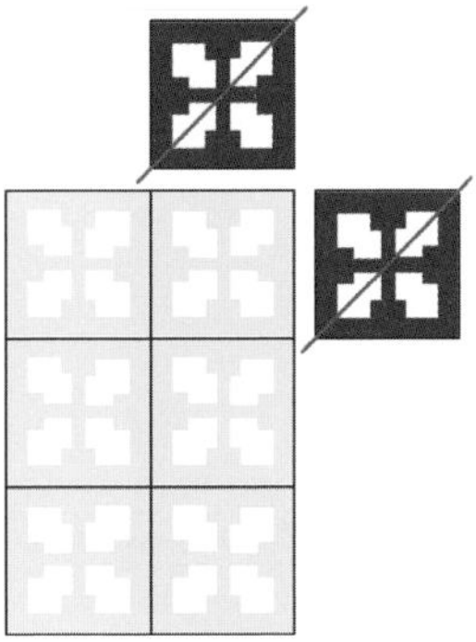

3. 블록으로 8에서 3 빼기

5+3인 8블록에서 3블록을 빼며 '8-3'을 말하고 블록의 개수 5를 말하게 한다.

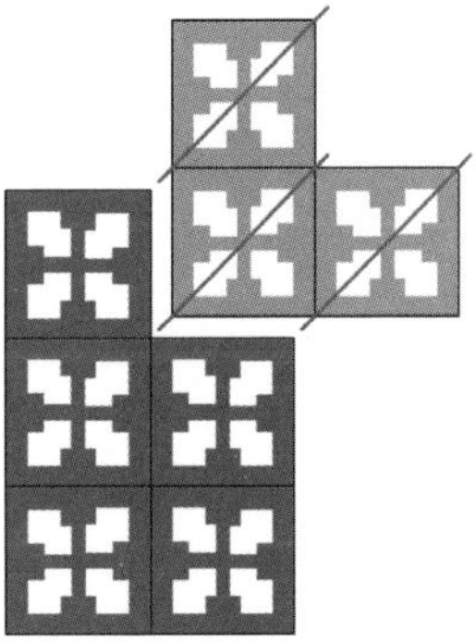

4. 블록으로 8에서 4 빼기

4+4인 8블록에서 4블록을 빼며 '8-4'를 말하고 블록의 개수 4를 말하게 한다.

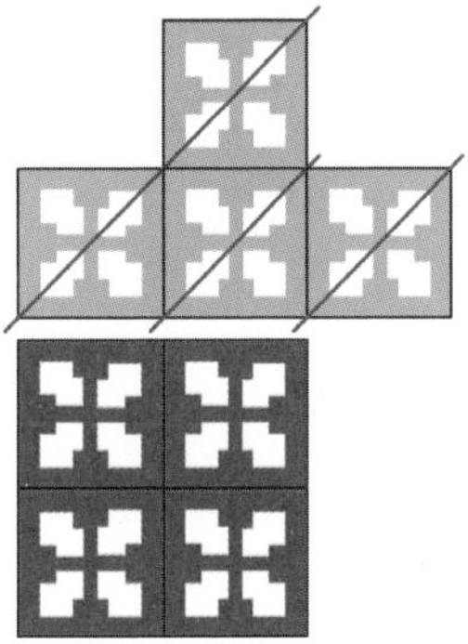

5. 블록으로 8에서 5 빼기

3+5인 8블록에서 5블록을 빼며 '8-5'를 말하고 블록의 개수 3을 말하게 한다.

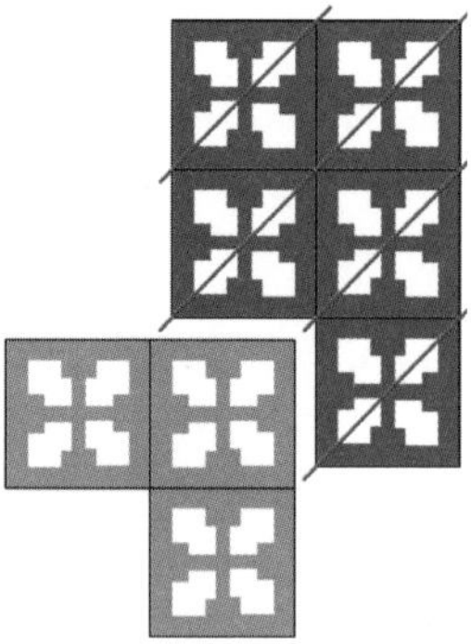

6. 블록으로 8에서 6 빼기

2+6인 8블록에서 6블록을 빼며 '8-6'을 말하고 블록의 개수 2를 말하게 한다.

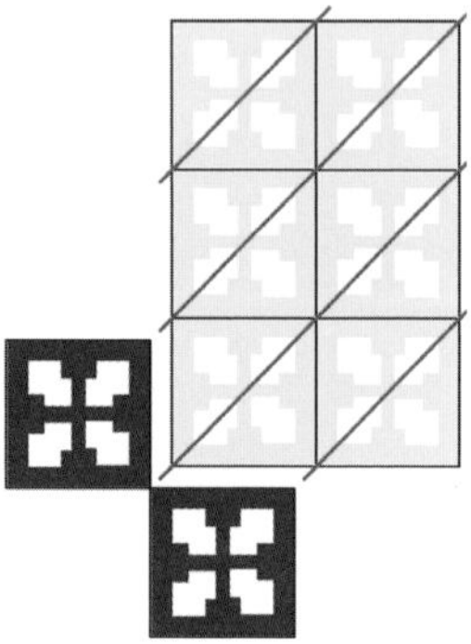

7. 블록으로 8에서 7빼기

1+7인 8블록에서 7블록을 빼며 '8-7'을 말하고 블록의 개수 1을 말하게 한다.

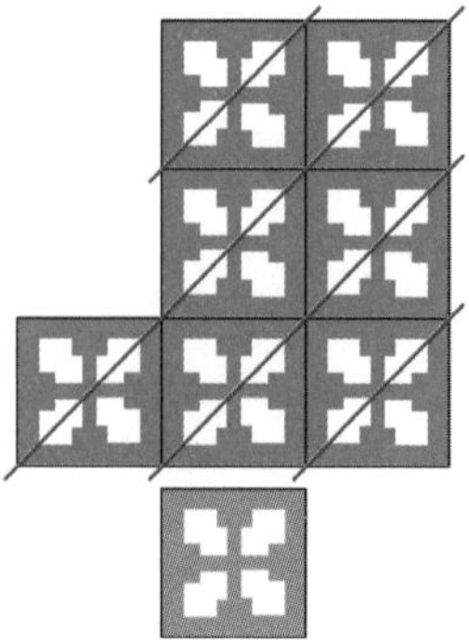

에그블록으로 만들기

준비물: 1에그블록 2개, 2에그블록 2개, 3에그블록 2개, 4에그블록 2개, 5에그블록 2개, 6에그블록 2개, 7에그블록 2개

1. 에그블록으로 8에서 1 빼기

7에그블록과 1에그블록이 있는 판에서 1에그블록을 뺀다. '8-1'을 말한 다음 남은 에그블록의 개수 7을 말하게 한다.

2. 에그블록으로 8에서 2 빼기

6에그블록과 2에그블록이 있는 판에서 2에그블록을 뺀다. '8-2'를 말한 다음 남은 에그블록의 개수 6을 말하게 한다.

3. 에그블록으로 8에서 3 빼기

5에그블록과 3에그블록이 있는 판에서 3에그블록을 뺀다. '8-3'를 말한 다음 남은 에그블록의 개수 5를 말하게 한다.

4. 에그블록으로 8에서 4 빼기

4에그블록이 있는 판 2개에서 4에그블록을 뺀다. '8-4'를 말한 다음 남은 에그블록의 개수 4를 말하게 한다.

5. 에그블록으로 8에서 5 빼기

5에그블록과 3에그블록이 있는 판에서 5에그블록을 뺀다. '8-5'를 말한 다음 남은 에그블록의 개수 3을 말하게 한다.

6. 에그블록으로 8에서 6 빼기

6에그블록과 2에그블록이 있는 판에서 6에그블록을 뺀다. '8-6'을 말한 다음 남은 에그블록의 개수 2를 말하게 한다.

7. 에그블록으로 8에서 7 빼기

7에그블록과 1에그블록이 있는 판에서 7에그블록을 뺀다. '8-7'을 말한 다음 남은 에그블록의 개수 1을 말하게 한다.

주사위로 만들기

준비물: 1주사위 1개, 2주사위 1개, 3주사위 1개, 4주사위 2개, 5주사위 1개, 6주사위 1개, 7주사위 1개

1. 7, 1주사위를 던져 '7+1=8'임을 말하게 한 후 1주사위를 빼고 남은 7주사위를 보며 '8-1=7'을 말하게 한다.

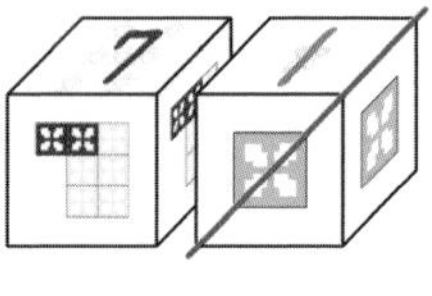

2. 6, 2주사위를 던져 '6+2=8'임을 말하게 한 후 2주사위를 빼고 남은 6주사위를 보며 '8-2=6'을 말하게 한다.

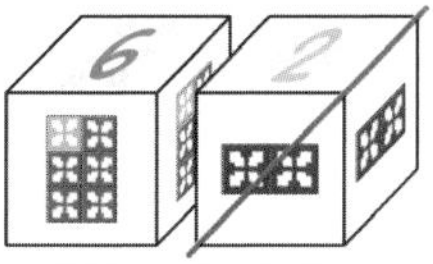

3. 5, 3주사위를 던져 '5+3=8'임을 말하게 한 후 3주사위를 빼고 남은 5주사위를 보며 '8-3=5'를 말하게 한다.

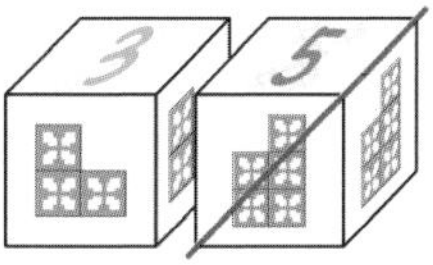

4. 4주사위 2개를 던져 '4+4=8'임을 말하게 한 후 4주사위를 빼고 남은 4주사위를 보며 '8-4=4'을 말하게 한다.

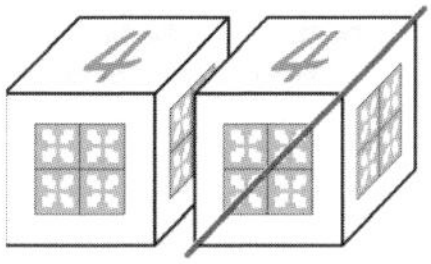

5. 3, 5주사위를 던져 '3+5=8'임을 말하게 한 후 5주사위를 빼고 남은 3주사위를 보며 '8-5=3'을 말하게 한다.

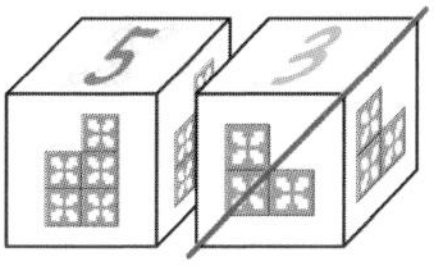

6. 2, 6주사위를 던져 '2+6=8'임을 말하게 한 후 6주사위를 빼고 남은 2주사위를 보며 '8-6=2'를 말하게 한다.

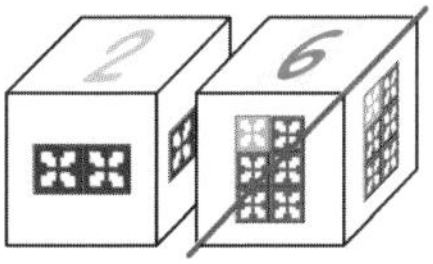

7. 1, 7주사위를 던져 '1+7=8'임을 말하게 한 후 7주사위를 빼고 남은 1주사위를 보며 '8-7=1'을 말하게 한다.

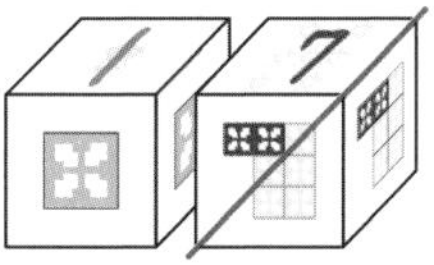

아이와 함께 블록으로 뺄셈 8단 해보기

1. 빈칸을 색칠하고, 빼야 하는 숫자만큼 빗금을 긋는다. 뒷면에 있는 블록을 잘라 직접 손으로 만들고 빼본다.

8-1 =	
8-2 =	
8-3 =	
8-4 =	
8-5 =	

2. 8-6, 8-7도 동일한 방법으로 진행한다.

아이와 함께 에그블록으로 뺄셈 8단 해보기

1. 빈칸을 색칠하고, 빼야 하는 숫자만큼 빗금을 긋는다. 뒷면에 있는 에그블록을 잘라 직접 손으로 만들고 빼본다.

8-1 =	
8-2 =	
8-3 =	
8-4 =	
8-5 =	

2. 8-6, 8-7도 동일한 방법으로 진행한다.

년 월 일

DAY-19 빨셈 9단

9에서 갈라 빼기

	1	2	3	4	5	6	7	8	9	
9-1	9								-1	=8
9-2	9							-2		=7
9-3	9						-3			=6
9-4	9					-4				=5
9-5	9				-5					=4
9-6	9			-6						=3
9-7	9		-7							=2
9-8	9	-8								=1

블록으로 만들기

준비물: 1블록 2개, 2블록 2개, 3블록 2개, 4블록 2개, 5블록 2개, 6블록 2개, 7블록 2개, 8블록 2개

1. 블록으로 9에서 1 빼기

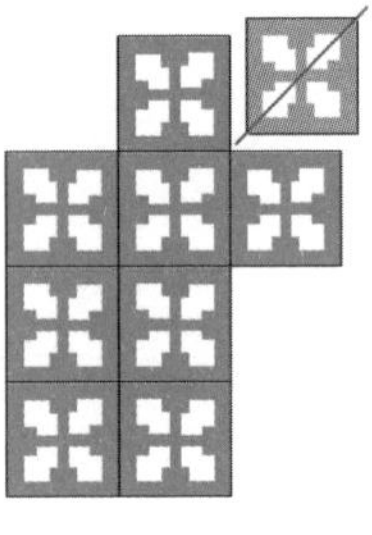

8+1인 9블록에서 1블록을 빼며 '9-1'을 말하고 남은 블록의 개수 8을 말하게 한다.

2. 블록으로 9에서 2 빼기

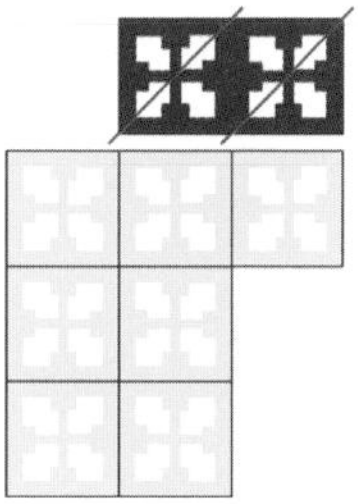

7+2인 9블록에서 2블록을 빼며 '9-2'를 말하고 남은 블록의 개수 7을 말하게 한다.

3. 블록으로 9에서 3 빼기

6+3인 9블록에서 3블록을 빼며 '9-3'을 말하고 남은 블록의 개수 6을 말하게 한다.

4. 블록으로 9에서 4 빼기

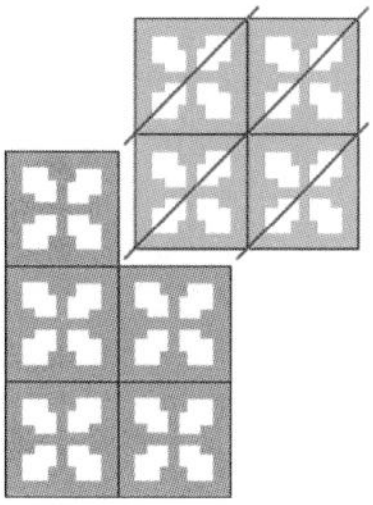

5+4인 9블록에서 4블록을 빼며 '9-4'를 말하고 남은 블록의 개수 5를 말하게 한다.

5. 블록으로 9에서 5 빼기

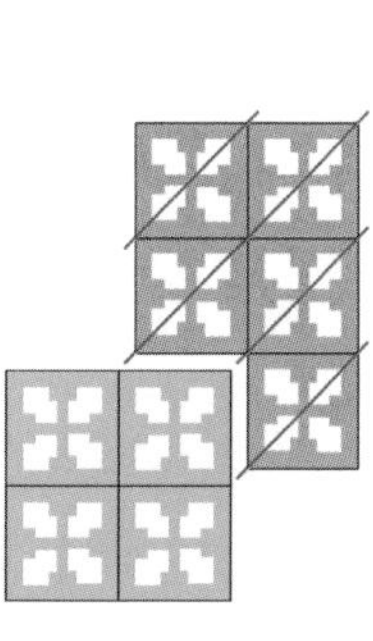

4+5인 9블록에서 5블록을 빼며 '9-5'를 말하고 남은 블록의 개수 4를 말하게 한다.

6. 블록으로 9에서 6 빼기

3+6인 9블록에서 6블록을 빼며 '9-6'을 말하고 남은 블록의 개수 3을 말하게 한다.

7. 블록으로 9에서 7 빼기

2+7인 9블록에서 7블록을 빼며 '9-7'을 말하고 남은 블록의 개수 2를 말하게 한다.

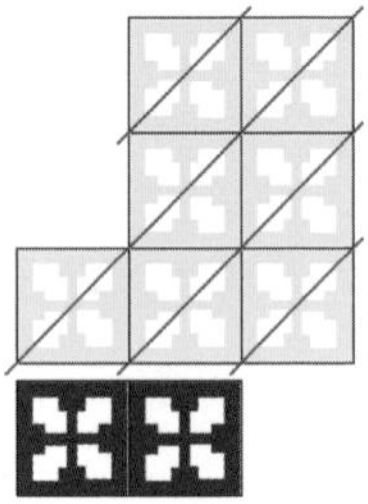

8. 블록으로 9에서 8 빼기

1+8인 9블록에서 8블록을 빼며 '9-8'을 말하고 남은 블록의 개수 1을 말하게 한다.

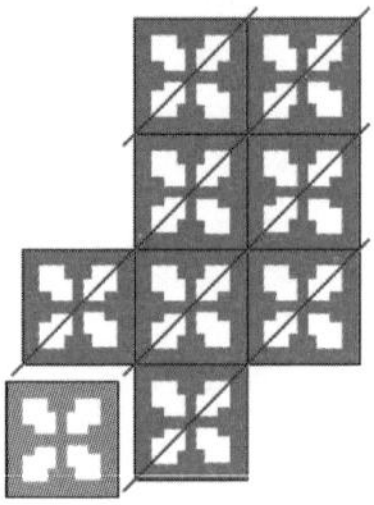

에그블록으로 만들기

준비물: 1에그블록 2개, 2에그블록 2개, 3에그블록 2개, 4에그블록 2개, 5에그블록 2개, 6에그블록 2개, 7에그블록 2개, 8에그블록 2개

1. 에그블록으로 9에서 1 빼기

8에그블록과 1에그블록이 있는 판에서 1에그블록을 뺀다. '9-1'을 말한 다음 남은 에그블록의 개수 8을 말하게 한다.

2. 에그블록으로 9에서 2 빼기

7에그블록과 2에그블록이 있는 판에서 2에그블록을 뺀다. '9-2'를 말한 다음 남은 에그블록의 개수 7을 말하게 한다.

3. 에그블록으로 9에서 3 빼기

6에그블록과 3에그블록이 있는 판에서 3에그블록을 뺀다. '9-3'을 말한 다음 남은 에그블록의 개수 6을 말하게 한다.

4. 에그블록으로 9에서 4 빼기

5에그블록과 4에그블록이 있는 판에서 4에그블록을 뺀다. '9-4'를 말한 다음 남은 에그블록의 개수 5를 말하게 한다.

5. 에그블록으로 9에서 5 빼기

4에그블록과 5에그블록이 있는 판에서 5에그블록을 뺀다. '9-5'를 말한 다음 남은 에그블록의 개수 4를 말하게 한다.

6. 에그블록으로 9에서 6 빼기

3에그블록과 6에그블록이 있는 판에서 6에그블록을 뺀다. '9-6'을 말한 다음 남은 에그블록의 개

수 3을 말하게 한다.

7. 에그블록으로 9에서 7빼기

2에그블록과 7에그블록이 있는 판에서 7에그블록을 뺀다. '9-7'를 말한 다음 남은 에그블록의 개수 2를 말하게 한다.

8. 에그블록으로 9에서 8빼기

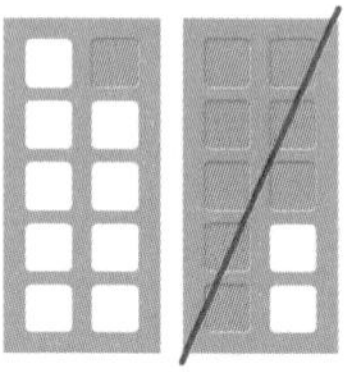

1에그블록과 8에그블록이 있는 판에서 8에그블록을 뺀다. '9-8'를 말한 다음 남은 에그블록의 개수 1을 말하게 한다.

주사위로 만들기

준비물: 1주사위 1개, 2주사위 1개, 3주사위 1개, 4주사위 1개, 5주사위 1개, 6주사위 1개, 7주사위 1개, 8주사위 1개

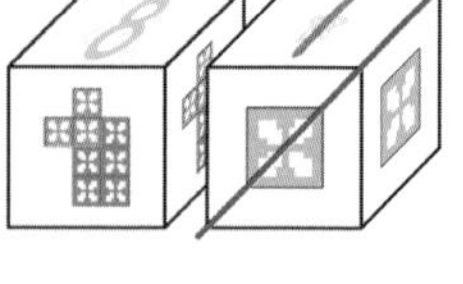

1. 8, 1주사위를 던져 8+1=9임을 말하게 한 후 1주사위를 빼고 남은 8주사위를 보며 '9-1=8'을 말하게 한다.

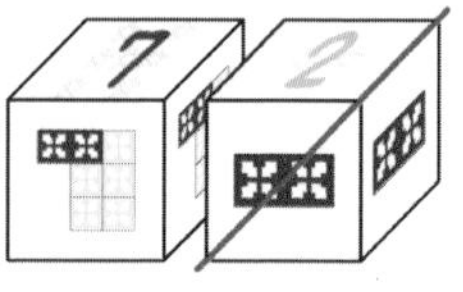

2. 7, 2주사위를 던져 7+2=9임을 말하게 한 후 2주사위를 빼고 남은 7주사위를 보며 '9-2=7'을 말하게 한다.

3. 6, 3주사위를 던져 6+3=9임을 말하게 한 후 3주사위를 빼고 남은 6주사위를 보며 '9-3=6'을 말하게 한다.

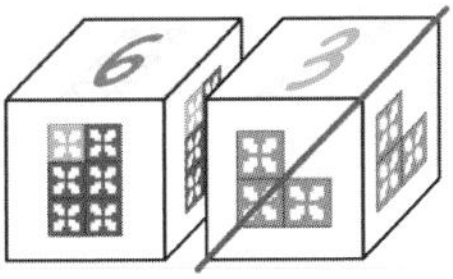

4. 5, 4주사위를 던져 5+4=9임을 말하게 한 후 4주사위를 빼고 남은 5주사위를 보며 '9-4=5'를 말하게 한다.

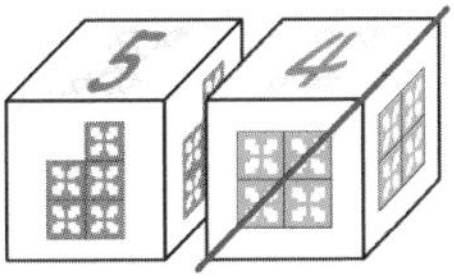

5. 4, 5주사위를 던져 4+5=9임을 말하게 한 후 5주사위를 빼고 남은 4주사위를 보며 '9-5=4'를 말하게 한다.

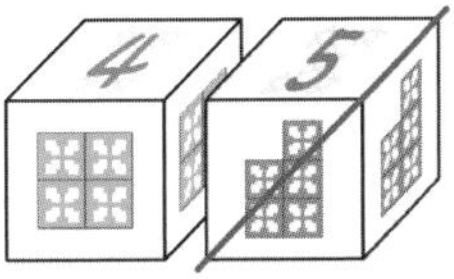

6. 3, 6주사위를 던져 3+6=9임을 말하게 한 후 6주사위를 빼고 남은 3주사위를 보며 '9-6=3'을 말하게 한다.

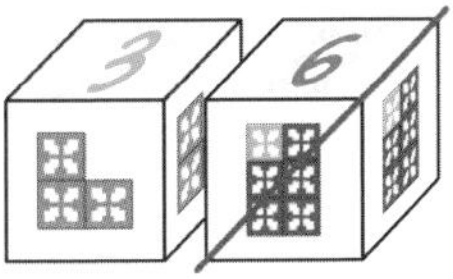

7. 2, 7주사위를 던져 2+7=9임을 말하게 한 후 7주사위를 빼고 남은 2주사위를 보며 '9-7=2'를 말하게 한다.

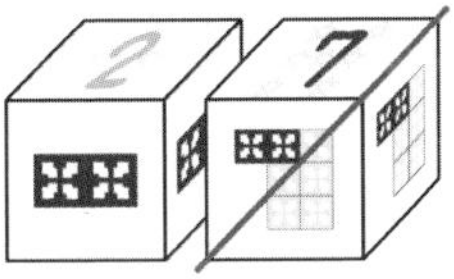

8. 1, 8주사위를 던져 1+8=9임을 말하게 한 후 8주사위를 빼고 남은 1주사위를 보며 '9-8=1'을 말하게 한다.

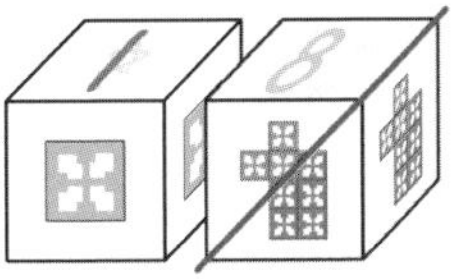

아이와 함께 블록으로 뺄셈 9단 해보기

1. 빈칸을 색칠하고, 빼야 하는 숫자만큼 빗금을 긋는다. 뒷면에 있는 블록을 잘라 직접 손으로 만들고 빼본다.

9-1 =	
9-2 =	
9-3 =	
9-4 =	
9-5 =	

2. 9-6, 9-7, 9-8도 동일한 방법으로 진행한다.

아이와 함께 에그블록으로 뺄셈 9단 해보기

1. 빈칸을 색칠하고, 빼야 하는 숫자만큼 빗금을 긋는다. 뒷면에 있는 에그블록을 잘라 직접 손으로 만들고 빼본다.

9-1 =	
9-2 =	
9-3 =	
9-4 =	
9-5 =	

2. 9-6, 9-7, 9-8도 동일한 방법으로 진행한다.

DAY-20 뺄셈 10단

10에서 갈라 빼기

	1	2	3	4	5	6	7	8	8	10	
10-1	10									-1	=9
10-2	10								-2		=8
10-3	10							-3			=7
10-4	10						-4				=6
10-5	10					-5					=5
10-6	10				-6						=4
10-7	10			-7							=3
10-8	10		-8								=2
10-9	10	-9									=1

블록으로 만들기

준비물: 1블록 2개, 2블록 2개, 3블록 2개, 4블록 2개, 5블록 2개, 6블록 2개, 7블록 2개, 8블록 2개, 9블록 2개

1. 블록으로 10에서 1 빼기

9+1인 10블록에서 1블록을 빼며 '10-1'을 말하고 블록의 개수 9를 말하게 한다.

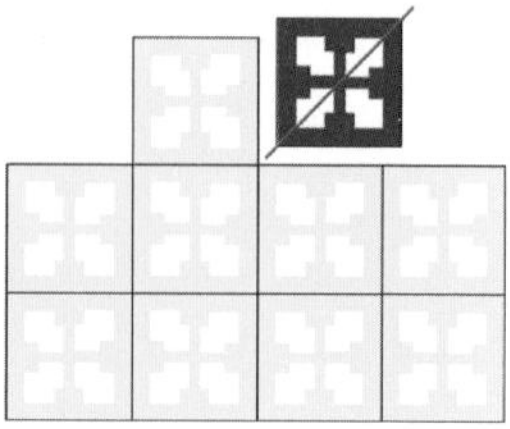

2. 블록으로 10에서 2 빼기

8+2인 10블록에서 2블록을 빼며 '10-2'를 말하고 블록의 개수 8을 말하게 한다.

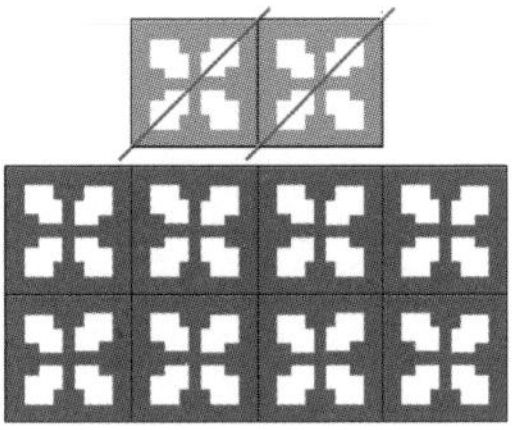

3. 블록으로 10에서 3 빼기

7+3인 10블록에서 10블록을 빼며 '10-3'을 말하고 블록의 개수 7를 말하게 한다.

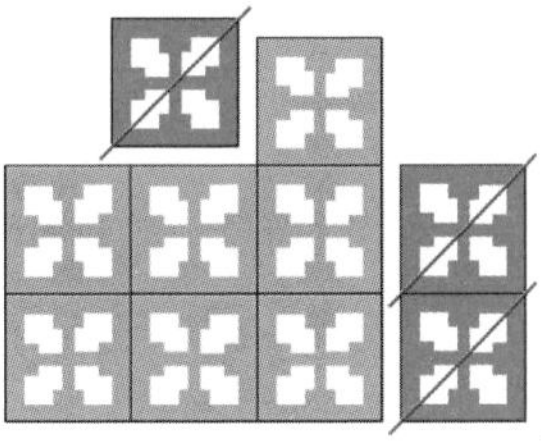

4. 블록으로 10에서 4 빼기

6+4인 10블록에서 4블록을 빼며 '10-4'를 말하고 블록의 개수 6을 말하게 한다.

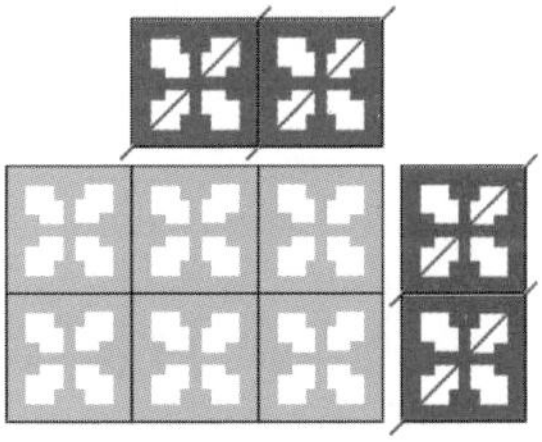

5. 블록으로 10에서 5 빼기

5+5인 10블록에서 5블록을 빼며 '10-5'를 말하고 블록의 개수 5를 말하게 한다.

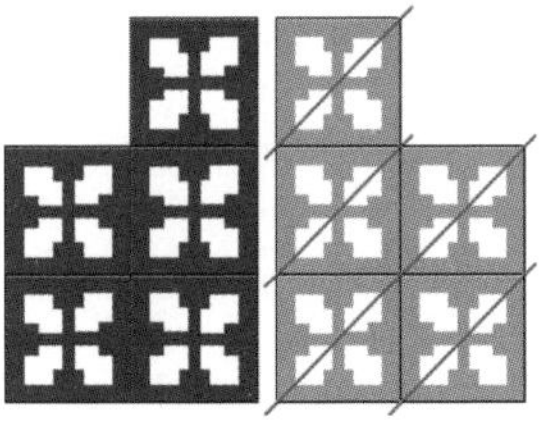

6. 블록으로 10에서 6 빼기

4+6인 10블록에서 6블록을 빼며 '10-6'을 말하고 블록의 개수 4를 말하게 한다.

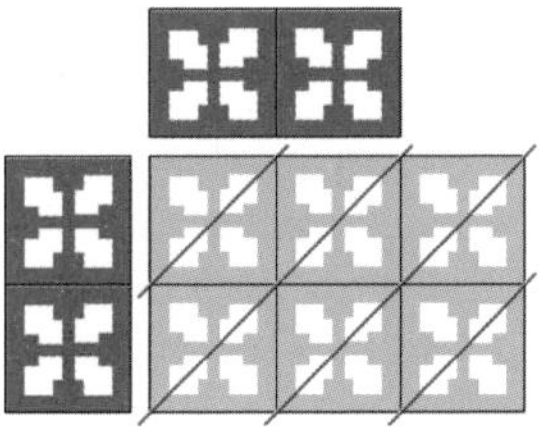

7. 블록으로 10에서 7빼기

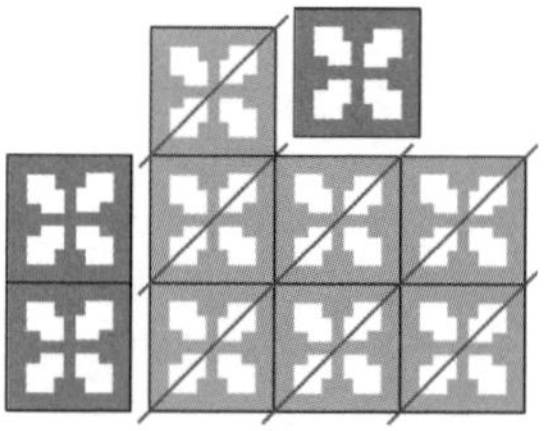

3+7인 10블록에서 7블록을 빼며 '10-7'을 말하고 블록의 개수 3을 말하게 한다.

8. 블록으로 10에서 8빼기

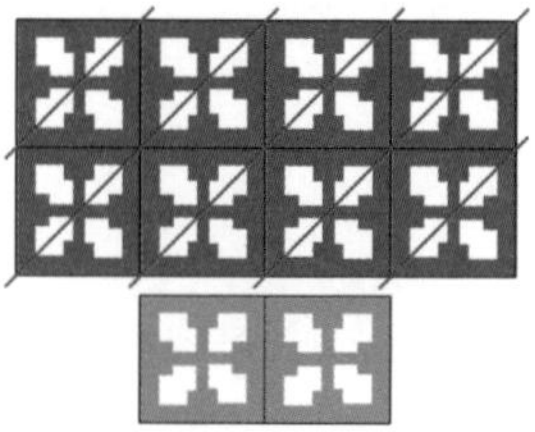

2+8인 10블록에서 8블록을 빼며 '10-8'을 말하고 블록의 개수 2를 말하게 한다.

9. 블록으로 10에서 9빼기

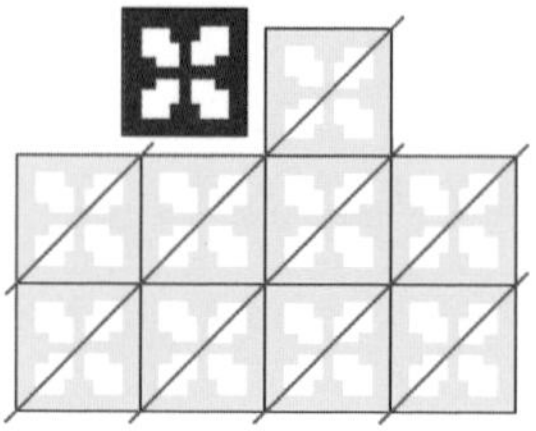

1+9인 10블록에서 9블록을 빼며 '10-9'를 말하고 블록의 개수 1을 말하게 한다.

에그블록으로 만들기

준비물: 1에그블록 2개, 2에그블록 2개, 3에그블록 2개, 4에그블록 2개, 5에그블록 2개, 6에그블록 2개, 7에그블록 2개, 8에그블록 2개, 9에그블록 2개

1. 에그블록으로 10에서 1 빼기

9에그블록과 1에그블록이 있는 판에서 1에그블록을 뺀다. '10-1'을 말한 다음 남은 에그블록의 개수 9를 말하게 한다.

2. 에그블록으로 10에서 2 빼기

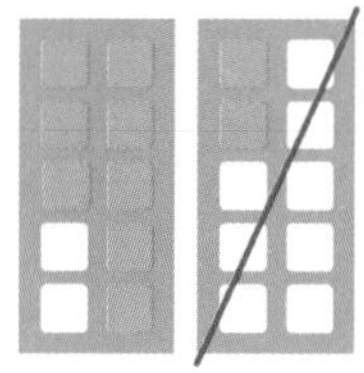

8에그블록과 2에그블록이 있는 판에서 2에그블록을 뺀다. '10-2'를 말한 다음 남은 에그블록의 개수 8을 말하게 한다.

3. 에그블록으로 10에서 3 빼기

7에그블록과 3에그블록이 있는 판에서 3에그블록을 뺀다. '10-3'을 말한 다음 남은 에그블록의 개수 7을 말하게 한다.

4. 에그블록으로 10에서 4 빼기

6에그블록과 4에그블록이 있는 판에서 4에그블록을 뺀다. '10-4'를 말한 다음 남은 에그블록의 개수 6을 말하게 한다.

5. 에그블록으로 10에서 5 빼기

5에그블록이 있는 판 2개에서 5에그블록을 뺀다. '10-5'를 말한 다음 남은 에그블록의 개수 5를 말하게 한다.

6. 에그블록으로 10에서 6 빼기

4에그블록과 6에그블록이 있는 판에서 6에그블록을 뺀다. '10-6'을 말한 다음 남은 에그블록의 개

수 4를 말하게 한다.

7. 에그블록으로 10에서 7빼기

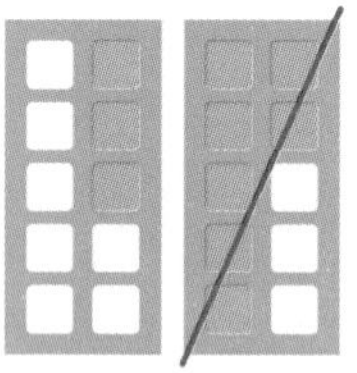

3에그블록과 7에그블록이 있는 판에서 7에그블록을 뺀다. '10-7'을 말한 다음 남은 에그블록의 개수 3을 말하게 한다.

8. 에그블록으로 10에서 8빼기

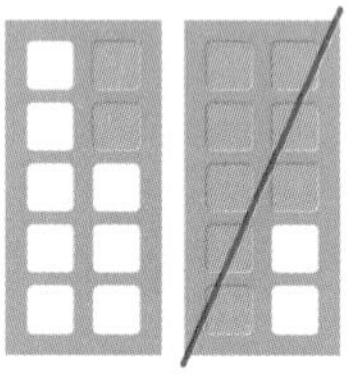

2에그블록과 8에그블록이 있는 판에서 8에그블록을 뺀다. '10-8'을 말한 다음 남은 에그블록의 개수 2를 말하게 한다.

9. 에그블록으로 10에서 9빼기

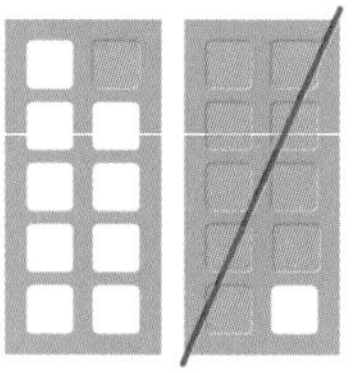

1에그블록과 9에그블록이 있는 판에서 9에그블록을 뺀다. '10-9'를 말한 다음 남은 에그블록의 개수 1을 말하게 한다.

주사위로 만들기

준비물: 1주사위 1개, 2주사위 1개, 3주사위 1개, 4주사위 1개, 5주사위 2개, 6주사위 1개, 7주사위 1개, 8주사위 1개, 9주사위 1개

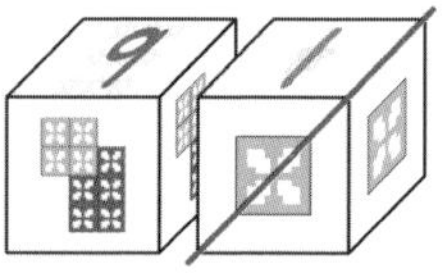

1. 9, 1주사위를 던져 9+1=10임을 말하게 한

후 1주사위를 빼고 남은 9주사위를 보며 '10-1=9'를 말하게 한다.

2. 8, 2주사위를 던져 8+2=10임을 말하게 한 후 2주사위를 빼고 남은 8주사위를 보며 '10-2=8'을 말하게 한다.

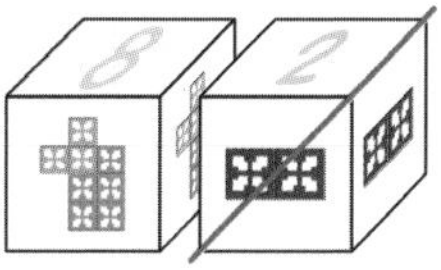

3. 7, 3주사위를 던져 7+3=10임을 말하게 한 후 3주사위를 빼고 남은 7주사위를 보며 '10-3=7'을 말하게 한다.

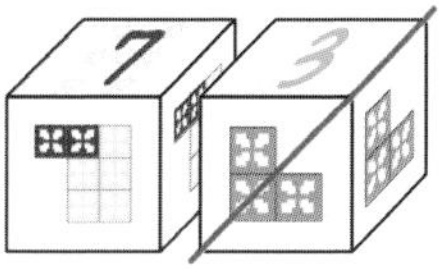

4. 6, 4주사위를 던져 6+4=10임을 말하게 한 후 4주사위를 빼고 남은 6주사위를 보며 '10-4=6'을 말하게 한다.

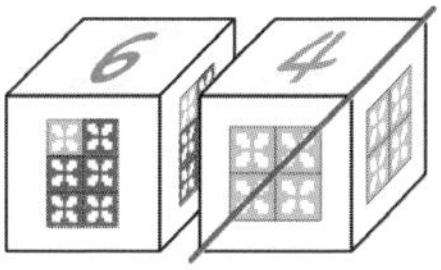

5. 5주사위 2개를 던져 5+5=10임을 말하게 한 후 5주사위를 빼고 남은 5주사위를 보며 '10-5=5'를 말하게 한다.

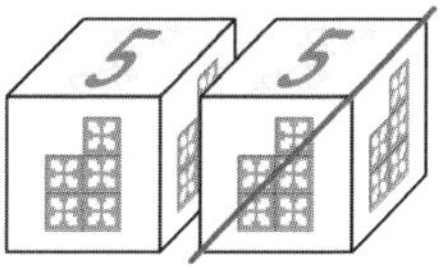

6. 4, 6주사위를 던져 4+6=10임을 말하게 한 후 6주사위를 빼고 남은 4주사위를 보며 '10-6=4'를 말하게 한다.

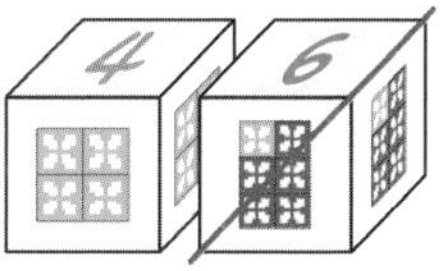

7. 3, 7주사위를 던져 3+7=10임을 말하게 한 후 7주사위를 빼고 남은 3주사위를 보며 '10-7=3'을 말하게 한다.

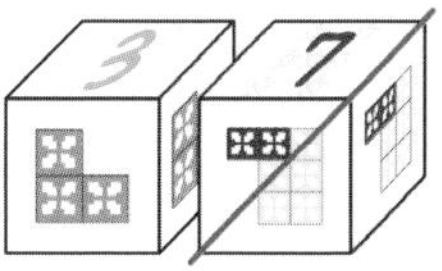

8. 2, 8주사위를 던져 2+8=10임을 말하게 한 후 8주사위를 빼고 남은 2주사위를 보며 '10-8=2'를 말하게 한다. 동일한 방법으로 '10-9'도 진행한다.

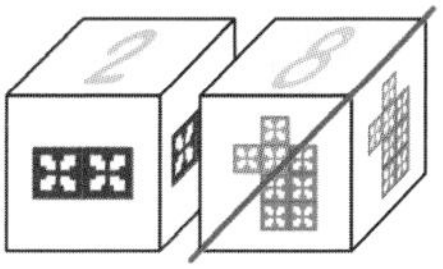

아이와 함께 블록으로 뺄셈 10단 해보기

1. 빈칸을 색칠하고, 빼야 하는 숫자만큼 빗금을 긋는다. 뒷면에 있는 에그블록을 잘라 직접 손으로 만들고 빼본다.

10-1 =	
10-2 =	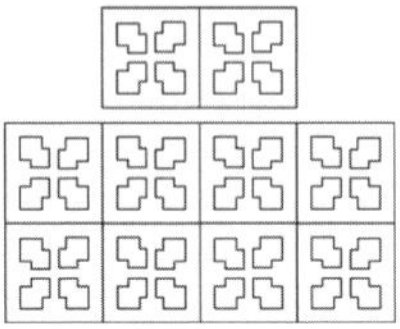
10-3 =	
10-4 =	
10-5 =	

2. 10-6, 10-7, 10-8, 10-9도 동일한 방법으로 진행한다.

아이와 함께 에그블록으로 뺄셈 10단 해보기

1. 빈칸을 색칠하고, 빼야 하는 숫자만큼 빗금을 긋는다. 뒷면에 있는 에그블록을 잘라 직접 손으로 만들고 빼본다.

10-1 =	
10-2 =	
10-3 =	
10-4 =	
10-5 =	

2. 10-6, 10-7, 10-8, 10-9도 동일한 방법으로 진행한다.

TIP

뺄셈 10단 활용하기

10의 단위 수에서 한 자리 수 빼기

일의 자리가 0인 20, 30, 40, 50, 60, 70, 80, 90, 100에서 한 자리 수를 빼야 하는 경우, 0에서는 한 자리 수를 뺄 수가 없으므로 20은 10과 10으로, 30은 20과 10으로 가르는 방식을 사용한다. 그러고나서 10에서 한 자리 수를 뺀다.

예를 들어 20과 2의 차를 구해본다고 하자. 20을 10과 10으로 가른 후 10에

문제	블록 계산	에그블록 계산	정답
20-2	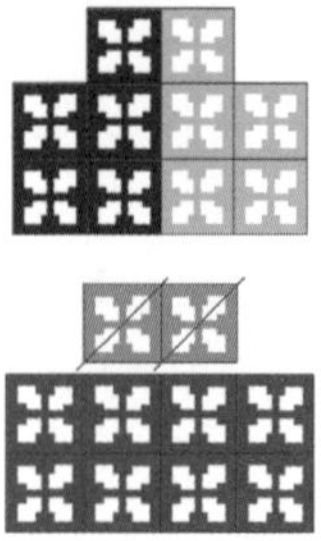	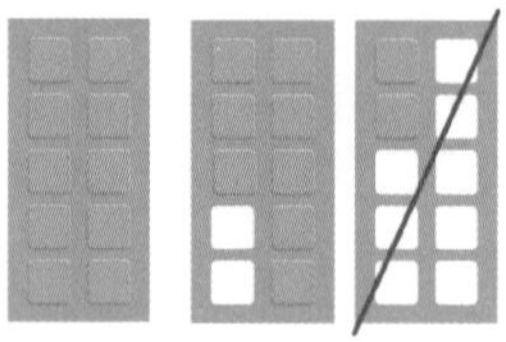	18

서 2를 빼면 8이 된다. 그후 남아 있는 10과의 합인 18을 구할 수 있다(20-2=10+10-2=10+8=18).

이와 같은 방법으로 아이와 함께 다음 문제를 풀어보자.

- 30-9 =
- 40-8 =
- 50-6 =
- 60-7 =
- 100-4 =

'두 자리 수 - 한 자리 수', 뺄셈 10단의 확장

예를 들어 29와 7의 차를 구해본다고 하자. 20과 9로 가른 다음, 9에서 7을 빼면 2가 된다. 그리고 남아 있는 20과 더하면 22를 구할 수 있다(29-7=20+9-7=20+2=22).

문제	블록과 에그블록 계산	정답
29-7	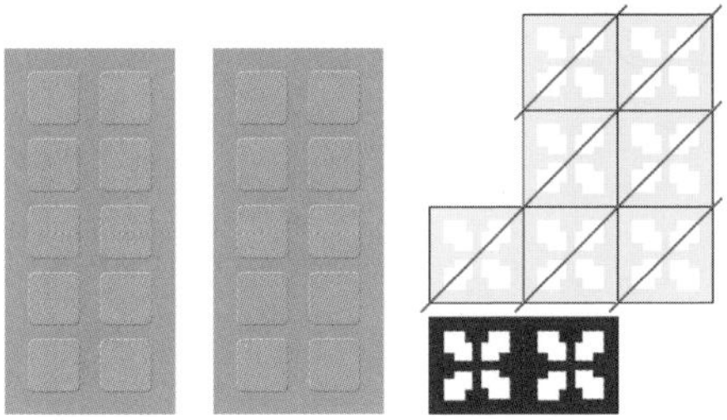	**22**

'45-8'과 같이 5-8을 못하는 일의 자리 뺄셈에서는 먼저 45를 35와 10으로 가른다. 그후 10에서 8을 빼면 2가 나오고 남은 35와 더하면 37을 구할 수 있다(45-8=35+10-8=35+2=37).

이와 같은 방법으로 아이와 함께 다음 문제를 풀어보자.

- 57-3 =
- 98-4 =
- 56-2 =
- 34-9 =
- 76-9 =

두 자리 수 - 두 자리 수, 쉽게 할 수 있다

십의 자리는 십의 자리끼리 빼고 일의 자리는 일의 자리끼리 뺄 수 있다. 예를

문제	블록과 에그블록 계산	정답
68-24	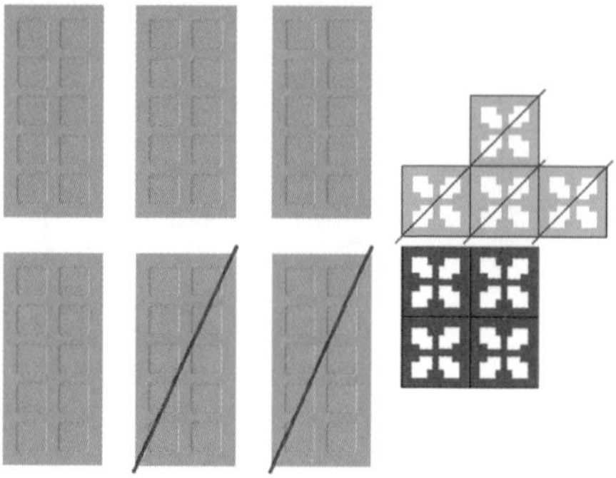	44

들어 68과 24의 차를 구해본다고 하자. 60과 20을 서로 빼고 8과 4를 서로 뺀 다음 두 수를 더하면 44를 구할수 있다(68-24=60+8-20-4=40+4=44). '41-23'처럼 1-3을 못 할 경우, 41을 31과 10으로 갈라서 31에서 20을 뺀 11과, 10에서 3을 뺀 7의 합인 18을 구할 수 있다(41-23=31+10-20-3 =11+7=18).

이와 같은 방법으로 아이와 함께 다음 문제를 풀어보자.

- 87-25 =
- 72-54 =
- 81-24 =
- 56-39 =
- 92-46 =

북큐레이션 • 내 아이를 주도적인 사람으로 키우고 싶은 부모들을 위한 책

《20일의 기적 대치동 섬수학》과 함께 읽으면 좋은 책. 똑소리 나는 아이로 키우고 싶은 학부모를 위해 현명한 자녀 교육법을 담았습니다.

AI 시대, 내 아이를 위한 수학 티칭

황정인, 이은정 지음 | 13,800원

수학을 싫어하는 아이도, 수학을 좋아하는 아이도 모두 '수학 영재'로 만드는 자가발전형 학습법!

아이들에게 '황싸부'로 통하는 저자는 수학을 싫어하는 아이도, 수학을 좋아하는 아이도 모두 '수학 영재'로 만드는 재주가 있다. 저자의 비결은 바로 원리와 개념을 깨우쳐 수학에 재미를 붙이고 스스로 실력을 키우는 자가 발전형 학습법. 이를 위해 '황싸부'는 첨단과학과 공학의 융합적 솔루션을 예술적으로 기획 · 개발 · 서비스해온 창의공간 이은정 대표와 뜻을 모아 수학적 사고력, 전략적 추론과 논리력을 키우는 수학 공부법을 만들었다. 평범한 아이도 4차 산업의 수학형 인재로 만드는, 부암동 작은 학원의 큰 기적을 만나보자.

영어 공부머리 Change Up

김진희 지음 | 14,500원

영어 공부법, 여전히 그대로세요? 우리 아이를 영어 인재로 만드는 방법!

중고등학생을 떠나 어른이 되어서도 영어는 언제나 마음속 한쪽에 살아 있고, 우리의 발목을 부여잡고 있다. 이 책은 '할 수 있어, 죽어라 해, 하다 보면 될 거야'가 아닌 아이의 학습 스타일에 맞춘 논리적 영어 공부법과 영어로 습득한 지식을 나만의 지식으로 재구조화할 수 있는 법을 소개한다. 단순히 문제를 풀기 위한 공부가 아닌 영어로 말하고 쓰는 것은 물론 영어로 생각하는 법을 익혀야 한다! 우리 아이가 똑똑한 이중언어 구사자가 되는 방법! 지금 당장 우리 아이의 공부머리를 체인지업 하라!

하브루타 미술 교과서

권태남 지음 | 16,000원

"해는 꼭 동그랗게 그려야 하나요?"
하브루타 미술로 생각하는 힘이 쑥쑥!

이 책은 하브루타를 통해 미술교육을 시작하는 법을 소개하며, 질문을 통해 생각하는 힘을 길러 우리 아이만의 독창성 있는 작품을 만들 수 있도록 돕는다. 이스라엘에서 정식으로 인증한 하브루타교육 최고위과정을 이수한 저자의 세세한 커리큘럼은 이미 많은 학부모에게 인정을 받았다. 또한 미술 관련 종사자들에게도 기존의 획일적인 교육 스타일에서 벗어나 새롭게 시도할 수 있는 독창적인 미술교육 과정이다. 이제는 해는 동그랗게, 하늘은 파랗게 등 획일적인 미술교육에서 벗어나 표현력과 창의력이 쑥쑥 자라는 아이로 자라게 하자!.

내 아이 두뇌 트레이닝

성호경 지음 | 14,500원

"뇌는 답을 알고 있다! 조기교육보다 중요한 건 적기 교육!
부모가 두뇌를 알아야 아이가 행복해진다."

주도적이고 독립적인 인생을 살아가는 아이로 키우기 위해서는 지금과 같은 양육 방식, 교육 방식으로는 곤란하다. 지식 습득보다 사고가 자유로운 아이, 개인의 창의력과 상상력, 자제력을 갖춘 아이가 대접받는 세상이 오기 때문이다. 좌뇌와 우뇌의 균형 잡힌 발달이야말로 내 아이를 심신이 건강한 아이로 키울 수 있는 비결이다. 28년간 교육 임상가로 보낸 저자는 지혜로운 두뇌를 만드는 손쉬운 놀이 방법을 구체적으로 소개한다. 가정에서 부모와 놀면서 쉽게 따라 할 수 있으므로 많은 부모들이 두뇌 만들기의 안내서로 손쉽게 활용할 만하다.

다음 페이지에 나와있는 블록과 에그블록을 잘라
아이와 함께 덧셈 10단, 뺄셈 10단을 해보자.

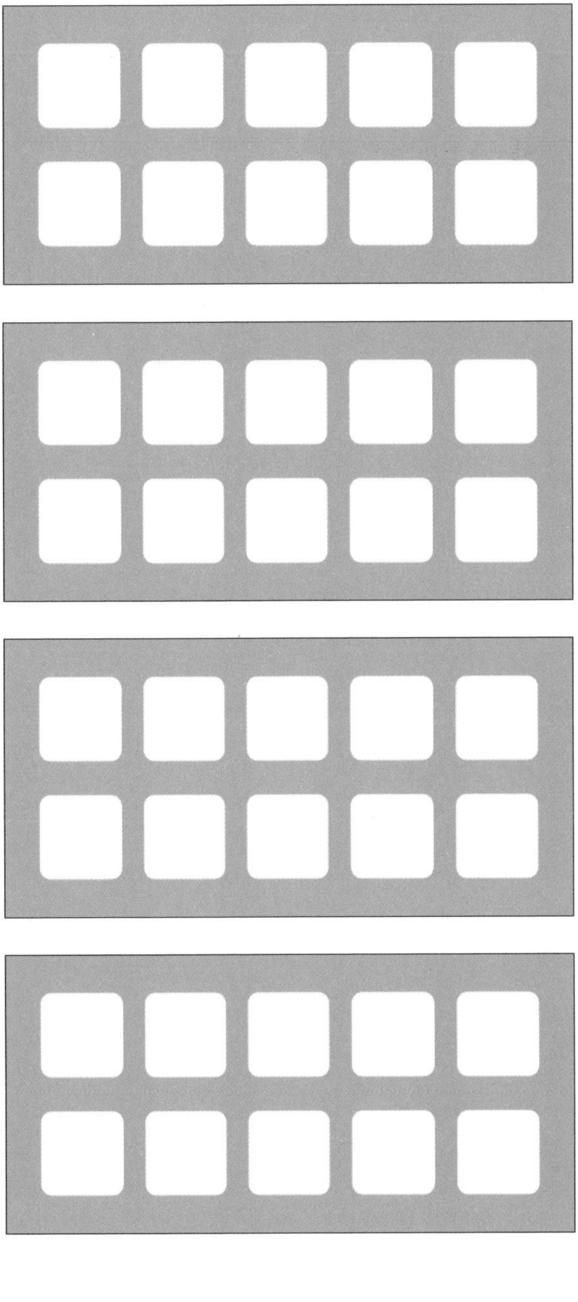

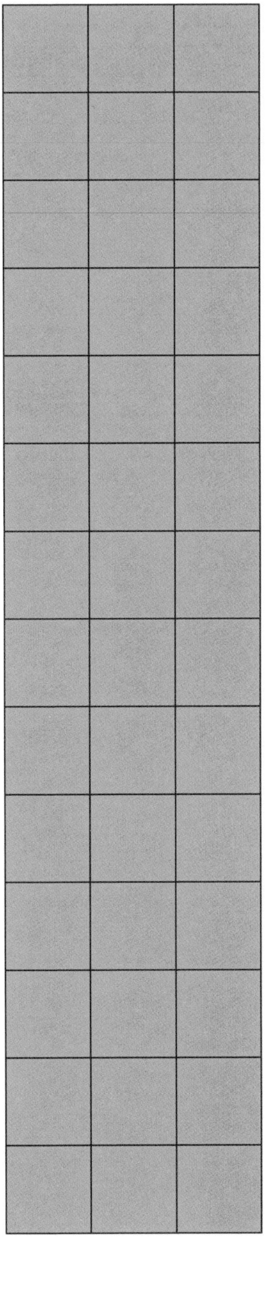